L'économie de marché

Roger Guesnerie

L'économie de marché

Nouvelle édition

[POCHE-LE POMMIER !]

Mise en pages : Marina Smid

ISBN : 978-2-7465-0626-8

8, rue Férou – 75006 Paris
www.editions-lepommier.fr

Sommaire

Avant-propos

Après la chute du mur de Berlin, l'alternative entre une organisation économique fondée sur le marché et une organisation rivale qui récuse profondément les principes de la première semblait avoir disparu. La crise de 2008 a rappelé des vulnérabilités des économies de marché dont l'optimisme de la fin du XXe siècle avait refoulé le souvenir. Elle a ainsi, et il faut s'en réjouir, remis en selle toute une pensée critique qui s'était étiolée. Elle n'a cependant pas fondamentalement changé la donne. Aujourd'hui, le marché est, autant que jamais, une réalité incontournable, comme on dit, qui pèse sur notre organisation sociale et sur notre vie quotidienne.

Est-ce à dire que le tout marché fournirait les clés de l'avenir ? Non, comme elles l'ont fait hier et comme elles le font aujourd'hui, nos sociétés feront demain coexister marché et organisation. Cette coexistence est conflictuelle : elle dessine des frontières que toutes sortes d'évolutions, et pas seulement les évolutions techniques, rendent provisoires et mobiles.

Deux pensées simplistes polaires cherchent à accaparer le débat. D'un côté, les ennemis du marché, qui bien souvent faute d'en comprendre les rouages et d'être en mesure d'évaluer les alternatives, se crispent dans une opposition butée sous couleur d'être flamboyante. Leurs lignes de défense constituent souvent des sortes de ligne Maginot archaïques, tournées allègrement par les offensives répétées des inconditionnels du tout marché. Des inconditionnels, dont la foi, avivée par les succès de la fin des années 1990 avant d'être interrogée par la crise, relève d'un simplisme symétrique.

La qualité du débat démocratique requiert une évaluation qui échappe aux aveuglements opposés et qui informe convenablement des mérites et des limites des solutions de marché. *L'Économie de marché* a ainsi l'ambition de contribuer à transmettre un savoir utile au débat public contemporain.

Ce savoir s'alimente à celui que les économistes dans leur ensemble, la « science économique » au sens large, ont accumulé sur le vaste sujet que le titre définit. Ce livre en fournit une lecture personnelle. Et sa transmission participe ici d'une démarche de pédagogie scientifique qui aspire à mériter le label de « citoyenne ». Deux remarques à ce stade.

Le savoir économique à intention scientifique qui s'est développé depuis plus de deux siècles, et sur lequel, on l'a dit, cet ouvrage s'appuie, n'est ni définitif ni pleinement assuré. Et pour qui douterait de ses limites, la crise récente a mis en exergue de nouvelles zones d'ombre, qui seront passées en revue ici. Il ne faut pas s'étonner : par nature, le savoir sur la société en général et sur l'économie en particulier est plus hésitant que celui des sciences de la nature. Une raison parmi d'autres : il ne peut reposer sur l'expérience contrôlée, filtre efficace des idées erronées que les sciences dures sollicitent constamment[1]. Mais ce savoir existe, c'est un patrimoine intellectuel qui résulte bien d'une accumulation longue et savante de connaissances.

Il ne s'agit pas non plus de prétendre que la connaissance fait s'évanouir les problèmes. Ce serait naïf. Lucidité, et la lucidité parfaite sur des mécanismes sociaux est hors d'atteinte, n'est pas synonyme de consensus. Le rôle du savoir est ici plus modeste : éclairer, autant que faire se peut, les acteurs afin que les heurts inévitables de sensibilités et d'intérêts ne dégénèrent en affrontements aveugles aux réalités. Sans faire disparaître les problèmes il devrait, c'est sa vocation, améliorer les solutions.

Venons-en aux contours de l'ouvrage, et aux options qui ont été adoptées pour sa construction. « L'économie de marché ». Vaste sujet ! À vrai dire, depuis qu'au XVIIIe siècle une discipline économique autonome s'est constituée, la discussion sur le marché est au cœur de sa problématique. Demander à un économiste de rendre compte du savoir et des constructions intellectuelles qui en sont issus peut donc sembler relever de la gageure. C'est est un peu comme demander à un physicien de limiter sa présentation de la physique aux seuls phénomènes qui concernent notre galaxie ! Fort peu de chapitres de la physique seraient inutiles.

L'ouvrage s'efforce de relever le défi et, c'est la première option, s'attache à restituer sans trop le distordre un large paysage. Le marché est à la fois appréhendé dans sa réalité historique, mais aussi disséqué au scalpel des outils intellectuels forgés pour en penser le fonctionnement. Le texte informe des débats savants au sein de la discipline économique, débats savants qui portent sur les faits et leurs explications et qui sont parfois la toile de fond de débats politiques ultérieurs. Et la discussion est conduite dans les termes où aujourd'hui, dans la plupart des pays du monde, les économistes professionnels la mèneraient

La seconde option est un corollaire de la première. La largeur du champ appelle la recherche de la synthèse : au risque d'être parfois trop allusif, le texte privilégie le panorama et recourt seulement par intermittence au gros plan.

Enfin, la troisième option renvoie à l'objectif de pédagogie citoyenne qui vient d'être plus longuement commenté. L'argument cherche à concilier clarté, en évitant la facilité de la simplification excessive, et rigueur, essayant de fuir le confort factice que donnent le parti pris et l'idéologie. Si le texte exprime des opinions, comme la règle du jeu de la collection dans laquelle il est initialement paru l'y invitait dans sa deuxième partie, il s'efforce sur chacun des sujets d'éclairer l'opinion du lecteur, non de la contraindre.

Aux deux premières éditions, qui privilégiaient un regard rétrospectif sur les économies de marché, l'édition augmentée, parue en 2006 dans la collection de poche du Pommier a ajouté un troisième chapitre. C'est le texte de 2006 sur lequel s'appuie cette édition-ci. Elle incorpore cependant un certain nombre d'ajouts, essentiellement dans la seconde partie du chapitre 1 et dans le chapitre 2, qui explorent plus avant les fragilités que la crise récente a mises ou remises en évidence.

Venons-en donc au plan, qui adopte comme on vient de le dire un rythme ternaire.

Les deux premières parties constituent une version légèrement remaniée et complétée du texte initial et sont consacrées à une investigation de l'économie de marché qui met l'accent sur ses mécanismes mais aussi sur son histoire et ses institutions.

La première partie de l'ouvrage envisage ainsi le marché sous un double aspect, d'abord comme catégorie historique, puis comme catégorie intellectuelle.

1. L'économie de marché est d'abord une catégorie historique construite à partir de l'observation de multiples marchés et nourrie de la diversité de leurs agencements dans le temps. Des formes juridiques appropriées ont permis l'émergence des échanges organisés et des entreprises modernes. Le développement des échanges monétaires, et en parallèle le déroulement du processus qui a conduit aux formes modernes de la monnaie, se sont accompagnés d'un accroissement du rôle de l'Etat et ont fait émerger une grande variété de formes historiques d'économies de marché.

2. Le marché est aussi une catégorie intellectuelle construite progressivement par les économistes. La démarche analytique pour penser le marché essaie d'appréhender le fonctionnement d'un marché isolé avant de passer à l'étude du marché généralisé et de ses interdépendances. Elle examine le triple rôle des prix, comme signaux des coûts sociaux, mécanismes incitatifs et déterminants de la distribution du revenu. Elle compare marché et planification et examine leurs complémentarités. Tout en gardant à l'esprit la distance entre les marchés stylisés de la théorie et les marchés réels, elle alimente longuement la discussion amont sur les mérites et les limites du marché.

La seconde partie passe en revue les débats intellectuels et les polémiques politiques que le fonctionnement du marché a suscités. Le marché alloue-t-il bien les ressources ? Conduit-il à une distribution du revenu juste ou satisfaisante ? Favorise-t-il l'innovation et la croissance ? La concurrence est-elle bénéfique ? Les crises sont-elles inévitables ? Comment combattre les récessions ? L'examen de ces questions s'appuie sur une confrontation des théories économiques sollicitées dans la première partie et de faits historiques sélectionnés. Il illustre à nouveau le fait que la maîtrise du marché doit mettre en regard l'observation et la réflexion sur des mécanismes qui s'imposent à chacun, même s'ils ne relèvent de « lois » que métaphoriquement.

L'ouvrage a donc une troisième partie. Cette troisième partie est consacrée à l'examen de quelques-uns des défis auxquels les économies de marché sont confrontées au XXIe siècle. L'accent est mis sur trois d'entre eux, la mondialisation et particulièrement la mondialisation économique, les problèmes de développement durable et en particulier la mise en place de politique climatiques destinées à maîtriser l'effet de serre, enfin les questions du devenir de l'Etat dans une économie mondialisée. Ce troisième chapitre prend un point de vue prospectif où le parti pris d'« objectivité » qui est revendiqué plus haut, c'est-à-dire le souci affiché de ne pas contraindre l'opinion du lecteur, est plus difficile à tenir. Les opinions exprimées, sur des sujets au cœur des controverses contemporaines, sont par nature plus risquées mais, là comme ailleurs, soumises au jugement du lecteur.

Enfin, le choix de privilégier la dimension économique conduit à laisser dans l'ombre d'autres dimensions du sujet, qu'on pourrait qualifier de « sociétales ». Les relations entre marché et société sont finalement brièvement évoquées à la fin du texte.

Note :

1. Voir Roger Guesnerie, *L'État et le marché : constructions savantes et pensée spontanée* (bibliographie).

Première partie

Le marché dans l'histoire et dans la pensée des hommes

Des marchés au marché

Marchés traditionnels...

En partant de Lima, prenez la route de Cuzco. Après Cuzco, la route s'élève à nouveau puis devient chemin de terre et accède à l'un de ces villages pauvres de la montagne andine. La place du village offre le spectacle de quelques dizaines d'étals à même le sol où se déploient des assortiments de produits agricoles. La couleur locale promise aux touristes est bien au rendez-vous : ponchos, visages burinés des vieux Indiens mâchant de la coca, cris des enfants autour de la mère qui porte le dernier-né sur son dos à la manière traditionnelle. Rien ne semble distinguer ce marché andin de ceux rencontrés auparavant, tout au plus semble-t-il plus étriqué, moins luxuriant. C'est pourtant, aux dires du guide touristique, un lieu exceptionnel, l'un des derniers marchés de troc de l'Amérique andine. On y échange des biens non contre de la monnaie – du maïs contre des pesos –, mais des biens contre des biens – du maïs contre des pois chiches, ou bien contre des tomates. Les touristes qui déambulent sont à l'affût des transactions pour essayer d'en deviner les termes. Parmi eux, des économistes émerveillés de voir se nouer l'échange par la seule vertu de ce que les manuels sur la monnaie appellent la « double coïncidence des besoins » ! Un cas d'école, mais les dialogues en quechua, plutôt qu'en espagnol, laissent subsister bien des mystères. Qui sait si les espèces sonnantes et trébuchantes ne circulent pas sous le manteau ou bien si le taux d'échange des piments contre les fèves n'est pas celui du marché de Lima de la veille, repris dans le journal hispanophone local ? Ma visite date des années 1970 et il est vraisemblable que ce marché fossile n'existe plus aujourd'hui. Quoi qu'il en soit de la réalité du troc qui était offert en spectacle, ce marché nous rappelle l'antériorité de l'échange marchand sur l'émergence de ce que nous appelons des « monnaies ».

Visitons un second marché, cette fois dans une bourgade du Maine, E..., dans les années 1950. Les souvenirs ont ici le parfum de l'enfance. Le jeudi est jour de marché. De la campagne avoisinante convergent des véhicules hétéroclites, carrioles ou Juvaquatre, souvent chargés de volailles. Poules, canards, lapins se retrouvent sur la place de l'église, dont l'horizon est borné au nord par l'admirable façade mi-romane, mi-gothique de ce qui est une basilique. Acheteurs et vendeurs sont ici bien identifiés : d'un côté les marchands de volailles, de l'autre, ceux qui les élèvent, les fermiers. Les premiers déambulent, passent dans les rangs. On parle prix, c'est-à-dire à l'époque francs par kilogramme. Propositions et contre-propositions précèdent éventuellement un accord et engendrent un flux de transactions irrégulier. Le prix peut varier à quelques mètres de distance mais des tendances se dégagent, que la rumeur renforce ou au contraire annihile. Départ lent, puis cours et transactions plus soutenus ; le journal local rendra compte, le lendemain, de « la tendance du jour », qui pourra ainsi se propager dans la région. Le marché terminé, certaines marchandises n'ont pas trouvé preneur, une semaine de sursis pour la volaille, jusqu'au prochain marché !

... et marchés modernes

Dans chacun des deux exemples précédents, l'idée de marché associe un lieu, la place du marché, et des modalités d'échange ; dans chacun de ces cas, la confrontation physique d'acheteurs et de vendeurs. Le concept de marché de biens, adopté dans le langage courant, ne fait pas référence au lieu géographique de l'échange mais à l'objet ou à la catégorie d'objets échangés, l'automobile, le logement... Le marché de l'automobile neuve est de fait une entité plus abstraite que le marché des volailles à E... Superficiellement, les transactions s'effectuent dans les garages des concessionnaires agréés par les grandes marques, des lieux qui ne rappellent que de très loin la place du marché de mon enfance. Bien d'autres différences sont plus significatives : du côté de l'offre, les relations entre les intervenants – marques et concessionnaires – et le mode de fixation des prix, les techniques et la chronologie des décisions de production ; du côté de la demande, les modalités du choix des acheteurs, etc. Et le même tableau change considérablement quand on passe du marché de l'automobile au marché du logement.

À vrai dire, la définition d'un marché de biens est plus problématique que celle des marchés attachés à un lieu géographique. Un hebdomadaire, traitant du marché du logement à Paris peut par exemple écrire qu'« il n'y a pas un marché du logement, mais une multitude de micromarchés, dont les conditions peuvent varier d'une rue à l'autre, d'un bloc d'immeubles à l'autre». De même, il est souvent pertinent de distinguer dans le marché de l'automobile des sous-marchés selon les catégories. Ce qui est en cause est l'homogénéité du produit qui définit le marché, et donc la notion de bien.

Faisons encore un pas dans l'abstraction. Notre nouvelle étape est la salle de marché d'une grande banque parisienne. En ce début du XXIe siècle, elle est truffée d'ordinateurs et de téléphones. L'ambiance est fébrile: les «traders» pianotent sur leur ordinateur et s'impatientent au téléphone. Des ordres d'achat ou de vente sont passés. Les marchandises échangées n'ont rien de commun, semble-t-il, avec les lapins de mon enfance. On reconnaît parfois leur nom: dollar, euro, livre, yen... Mais bien souvent, les appellations sont barbares pour le profane: «swaps», «futures» et autres «puts» et «calls»...

La plupart des transactions effectuées ici ne portent pas sur des biens physiques mais transfèrent entre les agents des droits. Droits à la détention d'une monnaie à échéance déterminée, droits à des versements monétaires réguliers (intérêts) et à un remboursement à échéance fixée – c'est typiquement ce qu'assure une obligation –, droits de propriété partagés, assortis de paiements variables, appelés «dividendes» – dans le cas d'actions –, ou encore droits complexes qui ne seront exercés que dans certaines circonstances. Ainsi une option d'achat (call) donne-t-elle le droit d'acheter un produit (financier ou réel) à un prix fixé, à une échéance donnée. L'échéance venue, la possibilité ne sera utilisée que si le prix du produit sur le marché «au comptant» est plus élevé que le prix fixé par l'option; l'option sera alors exercée. L'option est un exemple simple de ce que l'on appelle un « produit dérivé » : elle se greffe sur un produit de base et vise à parer aux fluctuations du cours au jour le jour de ce produit. On en cerne la valeur au travers d'équations mathématiques, comme celles associées aux noms de Black et Scholes, équations aux dérivées partielles, qui, comme l'avait anticipé Louis Bachelier au début du XXe siècle, sont étrangement proches de celles qui gouvernent la propagation de la chaleur. L'imagination des places financières, longtemps bridée par la réglementation, a fait fleurir au cours des dernières décennies un grand nombre de produits dérivés dont seul un petit nombre a survécu ; la logique de certains d'entre eux est si peu transparente que les professionnels eux-mêmes les qualifient d'« exotiques » !

La salle des marchés est aussi une cellule du village global cher à Marshall McLuhan, celle de la finance mondiale : toutes les grandes places financières sont connectées, et au décalage horaire près (par exemple, New York et Tokyo ne sont pas ouvertes simultanément), les intervenants peuvent opérer simultanément sur les grandes Bourses. De petites différences de prix entre deux ou plusieurs places créent des occasions de profit dont la réalisation peut reposer sur la mise en œuvre d'une cascade de transactions élémentaires : c'est l'essence même de ce que l'on appelle une opération d'arbitrage. Les transactions prennent une variété de formes que le profane démêle difficilement : marchés organisés ou de gré à gré, marchés par les ordres ou par le truchement de « teneurs » de marchés, etc.

Terminons cette promenade sur les marchés et faisons une brève incursion sur le marché de l'assurance et sur celui du travail. Que le lecteur se rassure, il ne s'agit pas de faire un inventaire à la Prévert, mais de constituer une panoplie d'exemples qui soit suffisamment riche pour nourrir ultérieurement la discussion.

Dans les deux cas, c'est la nature de la marchandise qui va attirer notre attention. Sur le marché de l'assurance, ce que l'on vend est un contrat, c'est-à-dire la promesse d'une indemnité en cas d'accident contre le paiement d'une prime. Voilà une marchandise dont le caractère, si l'on y réfléchit bien, pourrait à nouveau être qualifié d'« exotique » !

Qu'il existe un marché du travail, et donc que le travail soit une marchandise, était un grand scandale pour Marx. Le pain de l'homme est une chose, sa sueur, ou sa peine, en est une autre. Il serait choquant d'en soumettre la rémunération à la logique marchande quand sont en cause la subsistance, voire la survie du travailleur. Cette sensibilité conserve un écho contemporain. Mais peut-il y avoir marché sans marché du travail ? Cette question est à l'arrière-plan des débats sur la distribution du revenu qui vont être évoqués de façon récurrente. Retenons simplement à ce stade que, si le travail est une marchandise, ce n'est pas une marchandise comme les autres. C'est une « marchandise » dont les caractéristiques reflètent le « capital humain » (l'éducation, l'expérience...) que son détenteur lui a incorporé et qui est donc susceptible d'être modifiée par des actions volontaires. Une « marchandise » dont l'échange et la rémunération ne sont pas soumis aux seules forces des marchés au comptant, mais obéissent à des règles complexes fixées dans le cadre de contrats à terme plus ou moins long. Enfin, cette « marchandise » constitue souvent un actif essentiel du « portefeuille » des sources de revenu potentielles de celui qui l'offre. Par définition, c'est l'unique actif du prolétaire. Plus profondément, c'est une ressource qui, à l'inverse des actifs financiers, n'est pas diversifiable, et qui est donc exposée de plein fouet au risque.

Entre marché et marchés, essai de définition

Tout ce qui précède indique clairement que sous le marché se cachent une multitude de marchés différents. Chacun d'entre eux justifie une étude séparée qui requiert une expertise spécifique. Les marchés agricoles, les marchés financiers, le marché du travail celui de l'assurance font l'objet d'enseignements universitaires distincts. Une économie de marché est d'abord une économie de marchés. Enlever le *s*, c'est explicitement privilégier les ressemblances en mettant au second plan les différences ; c'est aussi, implicitement, reconnaître les liens entre ces marchés. Nous clarifierons ce dernier point plus loin, mais essayons de mettre le premier mieux en lumière dès maintenant.

Qu'y a-t-il de commun entre tous les cas précédents ? Tout d'abord, chacun des marchés pris en exemple met en relation des agents économiques qui poursuivent des fins intéressées et procèdent pour les atteindre à ce que l'on peut appeler un « calcul économique ». Le « trader » de la place de marché est à la chasse d'un profit ; il utilise, pour évaluer les occasions d'arbitrage présentes ou anticipées, toutes les ressources d'une combinatoire complexe. Le consommateur candidat à l'acquisition d'une automobile recherche ce que l'on appelle dans le langage courant « le meilleur rapport qualité-prix », une opération que les manuels de microéconomie formalisent comme la maximisation d'utilité sous contrainte budgétaire. Et même si certaines formes de troc dans les sociétés anciennes s'expliquent par des considérations symboliques, tout semble indiquer que sur notre marché andin, elles procèdent de la logique de l'échange mutuellement avantageux.

Ensuite, les intérêts sont divergents de chaque côté du marché, comme on dit. L'offreur, le vendeur de volailles ou d'automobiles, le salarié souhaitent que la transaction s'effectue à un prix élevé ; le demandeur, l'acheteur, lui, souhaite le contraire.

Enfin, la transaction dénoue le conflit en faisant apparaître un prix. Il y a, dans tous les cas, pour des transactions identiques, une tendance vers l'unicité de prix, même si elle est imparfaitement réalisée. Les ventes de volailles s'effectuent à des prix variables dans le temps et éventuellement différents en deux endroits du marché au même moment ; mais ces prix reflètent d'un jour à l'autre, d'un marché à l'autre, une tendance significative. Le concessionnaire automobile peut différencier les prix selon ses clients en utilisant toute une panoplie de remises ou de promotions ; mais, toutes dispositions légales mises à part, il a une capacité de manœuvre limitée par la nécessité de maintenir une marge positive.

Ainsi, un marché confronte des acheteurs et des vendeurs et les prix qui dénouent cette confrontation sont la donnée, mais aussi, d'une certaine manière, la résultante du calcul économique des agents. Pour mieux cerner encore ce qu'est un marché, il est utile de se référer aux économies de l'Europe de l'Est à l'époque où, sous l'inspiration de l'idéologie communiste, s'était mise en place une forme d'organisation économique dont l'objectif affiché était justement de fournir une alternative au marché.

Dans le cadre de cette organisation, les prix n'étaient pas abolis. Ils gardaient dans les entreprises une utilité comptable – pour mesurer les coûts et les valeurs des produits –, mais ils n'avaient qu'un rôle secondaire dans la détermination des plans de production. Les ordres de production et les allocations de « facteurs de production » (biens intermédiaires, équipements, travailleurs) entre les entreprises étaient du ressort d'une instance centrale, le fameux Gosplan, le Comité de planification. Le calcul économique, si calcul économique il y avait, était centralisé et non décentralisé. Même si, à un moment donné, des réformes ont été introduites pour combiner l'impulsion centrale et une forme de calcul économique décentralisé appuyé sur le système de prix existant, la décentralisation du marché est une première caractéristique qui l'oppose à la centralisation de la planification de type soviétique.

Seconde différence essentielle, la décentralisation s'accompagne d'un système de responsabilisation lui-même adossé au marché. Le calcul économique n'y est pas fictif. Le profit n'est pas le résidu comptable qu'il était pour l'entreprise soviétique mais le moteur des choix économiques ; il sanctionne l'action. Des déficits trop répétés déterminent une sentence de mort pour l'entreprise. Même si elle est très variable selon les entreprises (que l'on pense aux entreprises publiques françaises), l'existence d'une contrainte budgétaire « dure », à l'inverse de la contrainte budgétaire « douce » qui, selon l'économiste hongrois János Kornai, s'appliquait aux entreprises de son pays dans les années

1970, est une seconde caractéristique qui oppose marché et planification de type soviétique.

Enfin, *last but not least*, les prix eux-mêmes ne sont pas le produit de décisions administratives extérieures, mais résultent d'un formidable processus d'ajustement. Ils rendent ou, du moins, tendent à rendre compatibles sur chaque marché l'offre et la demande ; ce sont, comme on dit, des prix d'équilibre. Là aussi, la différence avec ce qu'était le système économique soviétique est patente. Les prix des approvisionnements qui servaient de références comptables aux entreprises russes n'avaient pas vocation, on l'a dit, à réguler les flux de biens entre entreprises ; les prix des biens de consommation, ceux que payaient les consommateurs, engendraient des déséquilibres dont l'intensité variait dans le temps et dans l'espace, et selon les secteurs, mais dont le sens était presque toujours identique : la demande, supérieure à l'offre, était rationnée.

Mettre le marché en regard de la planification soviétique éclaire leurs particularismes respectifs. Mais le parallèle conduit à forcer le trait et à accuser les caractéristiques du marché réel ; de même qu'il y avait une part de marché dans la planification soviétique (ne serait-ce que par l'usage de prix et par l'existence de rémunérations monétaires), de même le marché pur qu'esquisse la discussion ci-dessus ne constitue qu'un cas limite. Hors de ce cas limite, le calcul économique n'est pas exclusivement décentralisé, la contrainte budgétaire des entreprises est assouplie et la flexibilité plus ou moins grande des prix n'est pas synonyme de compatibilité parfaite entre les objectifs des agents.

Cette discussion nous permet de mieux circonscrire ce qu'est une économie de marché : une économie où une partie substantielle de l'activité économique est organisée autour d'institutions appelées « marchés » qui donnent un rôle essentiel à l'action décentralisée et aux ajustements de prix. Mais y a-t-il une ou des économies de marché ? Notre discussion sur le *s* se poursuit !

Économie de marché ou économies de marché ?

Les institutions du marché

Une économie de marché s'organise autour de marchés ; c'est une tautologie. Le marché est donc une abstraction fondée sur toute une variété de réalités que recouvrent ces abstractions intermédiaires qu'on appelle les « marchés ». Ces derniers n'existent pas *ex nihilo* ; non seulement ils sont eux-mêmes des institutions – le marché de Chinchero était bien une institution primitive, destinée à fournir un cadre à l'échange – mais leur existence dépend elle-même d'un certain nombre d'autres institutions. Ces institutions du marché se sont modifiées au cours du temps pour répondre aux changements des conditions historiques de la production, par exemple. La première de ces institutions est sans doute l'institution juridique. Sans régime de droit qui élève une barrière suffisamment efficace au risque de spoliation, on conçoit que production et échange n'auraient pu se développer. Pour l'école américaine dite du *Public Choice*, le droit de propriété reste aujourd'hui la pierre angulaire de l'économie de marché. Cette thèse mériterait plus ample présentation et plus ample discussion, mais le passage à l'économie de marché des économies d'Europe de l'Est l'a fait passer du registre du débat intellectuel pour la mettre sous le projecteur de l'actualité : la relance de mécanismes de marché a bien souvent dû être précédée par la définition de droits de propriété, par exemple pour transformer les entités productives en entreprises. L'intervention brutale de « mafias » peut aussi être vue comme une réponse caricaturale et criminelle au besoin de règles du jeu qui conditionnent le bon fonctionnement du marché. Nous y reviendrons.

La seconde institution, cruciale pour le fonctionnement et le développement du marché n'est autre que la monnaie. Certes, le troc est bien une modalité du marché. À vrai dire, le troc, par exemple entre nations – produits pétroliers contre biens d'équipement –, constitue encore parfois une forme d'échange dans les économies contemporaines. Mais l'accroissement des échanges est historiquement lié au développement de l'usage de la monnaie. On comprend pourquoi : si, sur un marché de troc, j'ai besoin de pois chiches et que je ne dispose que de maïs, il me faut trouver un détenteur de pois chiches qui ait lui-même besoin de maïs (soit un producteur de pois chiches – on serait alors en présence de la double coïncidence des besoins –, soit un hypothétique intermédiaire) ; au contraire, la monnaie, lorsqu'elle existe, peut être obtenue par la vente de mon maïs à n'importe quel acheteur et être utilisée pour l'achat de pois chiches auprès de n'importe quel vendeur. Intuitivement, la monnaie facilite considérablement l'échange, tant pour les consommateurs que pour les intermédiaires. Même si c'est une convention sémantique, sans doute convient-il de réserver l'expression d'« économie de marché » aux économies monétaires.

Il convient à ce stade de remarquer que le droit et la monnaie, les deux institutions clés du marché, relèvent de l'organisation collective de la société; leur consolidation est allée de pair avec la consolidation des pouvoirs régaliens de l'État. Sans entrer dans une histoire de la monnaie, et sans entrer dans les polémiques encore vives sur la gestion étatique de la monnaie, force est bien de constater qu'en matière de monnaie, l'intervention centrale, celle d'une banque centrale hier encadrée par l'État et aujourd'hui indépendante, a été dans le passé et restera vraisemblablement dans l'avenir déterminante. Certes, les banques commerciales émettent de la monnaie, et en un certain sens, il existe une monnaie Crédit Lyonnais et une monnaie BNP, mais ce sont des monnaies liées par un taux de change inaltérable à la monnaie Banque centrale, hier le franc, aujourd'hui l'euro. Organisation centrale, État et marché apparaissent ici complémentaires plutôt qu'antagoniques.

La diversité historique des économies de marché

À l'aune de l'esquisse qui est faite ici d'une économie de marché – des marchés appuyés sur la monnaie et le droit –, nombre d'économies historiquement datées ont droit au label d'économie de marché. Ainsi, la France du XVIIe siècle vit en économie de marché. Examinons par exemple le produit agricole, qui constitue la majeure partie de la richesse nationale dans un pays où 90 % de la population vit à la campagne. Si la partie du produit mise sur le marché est relativement limitée – beaucoup de petits exploitants vivent en quasi-autarcie –, il y a bien à l'échelle du pays un marché pour les produits de grande consommation. *Dialogue sur le commerce des blés* (1770), où l'abbé Ferdinando Galiani tente d'élucider les mécanismes qui régissent les prix auxquels s'échangent les céréales et de déterminer les volumes de cet échange, est un classique qui, incontestablement, appartient au rayon de l'économie de marché. Aux XIXe et XXe siècles, la même économie française s'est considérablement modifiée mais relève pourtant toujours de la même catégorie. Quelles sont les différences les plus significatives dans l'immense variété historique des économies de marché ?

La liste présentée ci-dessous ne prétend pas à l'exhaustivité. Elle est aussi quelque peu disparate, mais il n'existe pas à ce jour de mode de critères de classification synthétique et consensuel qui permette de dresser une sorte de tableau de Mendeleïev des économies de marché !

Tout d'abord, on observe des différences intuitivement accessibles, même si elles peuvent être difficiles à formaliser de façon rigoureuse, qui touchent à la nature des produits – agricoles, industriels, tertiaires –, à leur variété, à l'approfondissement de l'échange – part du marché local, régional, national et international –, à la taille des unités de production, à leur répartition sur le territoire... Il s'agit en quelque sorte de différences physiques.

Viennent ensuite des différences juridiques essentielles, même si elles ne sont pas immédiatement visibles : l'une tient au droit de propriété, précédemment évoqué, et concerne la propriété des entreprises. La création de sociétés anonymes par actions, dont les détenteurs, collectivement propriétaires, délèguent généralement la gestion à des managers, constitue l'innovation qui fait écho à la notion de capitalisme.

En effet, cette forme de propriété a considérablement stimulé l'accumulation du capital, dont les opportunités se sont multipliées avec les possibilités techniques nouvelles apportées par la révolution industrielle, mais que bridait l'épargne insuffisante des entrepreneurs individuels. La propriété collective – quoique privée ! – des sociétés par actions est régie par des règles juridiques précises. Elle est transmissible par vente d'actions, qu'il s'agisse de ventes au jour le jour sur le marché boursier ou de ventes dans le cadre de procédures exceptionnelles appelées « offre publique d'achat » (OPA), dont les modalités précises varient d'un pays à l'autre, mais qui ont toutes pour fonction de permettre à un groupe d'actionnaires de prendre le contrôle d'une entreprise en détenant la majorité des voix en assemblée générale (le principe « une action, une voix » est dans la pratique quelque peu plus complexe). Un élément clé du dispositif régissant les sociétés par actions est la loi sur les faillites qui, en cas de liquidation, à la fois définit la responsabilité des actionnaires et précise les priorités de remboursement entre créanciers. Les actionnaires ont, d'une part, une responsabilité limitée – il n'est pas fait appel à leurs deniers pour rembourser les dettes de l'entreprise –, de l'autre, ils sont « créanciers résiduels » – ils ne peuvent prétendre récupérer de l'entreprise que ce qu'il en reste après le passage des créanciers prioritaires. La formule des sociétés anonymes est l'aboutissement actuel d'une histoire hésitante. Le partenariat pour le financement d'entreprises risquées existe depuis la plus haute antiquité. La Couronne britannique, en donnant à la Compagnie des Indes le monopole* du commerce vers l'Asie du Sud-Est, assortit ce privilège d'un autre avantage, la responsabilité limitée, qui restreint les pertes des partenaires à leur mise initiale. Les parts que détiennent ces partenaires, en principe immobilisées pour une durée fixée, la durée d'une expédition, deviennent ensuite négociables. Ces parts peuvent donc être échangées et si les possibilités d'échange sont effectives et permanentes, le marché est dit « liquide ». Partenariat et propriété collective, responsabilité limitée, liquidité : voilà réunis tous les ingrédients de la forme moderne de l'actionnariat.

Avec les sociétés par actions, nous nous trouvons confrontés au capitalisme. Capitalisme et économie de marché sont-ils synonymes ? Les avis ont été partagés de chaque côté de l'échiquier idéologique. La critique marxiste des années 1950 faisait rarement dans la nuance et mettait dans le même sac marché et capitalisme ; paradoxalement, elle rejoignait certains libéraux, aux yeux desquels l'existence, dans le contexte juridique des OPA, d'un marché pour le contrôle de l'entreprise est un dispositif essentiel d'une économie de marché. En revanche, un certain nombre de théoriciens socialistes préconisaient de concilier propriété collective des moyens de production et marché dans un « socialisme de marché ». Cette formule a non seulement suscité des débats universitaires mais elle a aussi inspiré des réformes concrètes, telles celles adoptées par l'économie hongroise dans les années 1960. L'économie chinoise se réclame aujourd'hui encore parfois de ce modèle, même si dans les faits, elle s'en est fort éloignée.

Assimiler capitalisme et marché procède d'une position abusivement dogmatique qui ne rend pas justice à la richesse des expériences historiques de marché. Mieux vaut abandonner la querelle sémantique et explorer plus avant la logique capitaliste en évoquant la question du salariat. En soi, la formule de la société par actions n'est pas incompatible avec l'appropriation de l'entreprise par ses salariés ; pourtant, historiquement, en dépit de l'attrait qu'elle a exercé sur de nombreux esprits, cette formule est presque restée lettre morte. Pourquoi observe-t-on des salariés vendant leur force de travail à des capitalistes-propriétaires plutôt que des capitalistes vendant leur capital à des salariés-propriétaires ? Cette interpellation de Jaroslav Vanek, le plus lucide des théoriciens de l'autogestion* dans les années 1950 et 1960, mériterait une plus longue méditation. Elle soulignerait le rôle joué par la nature et le volume du capital physique, les problèmes de contrôle interne de la main-d'œuvre et la diversification asymétrique des risques du financier et du travailleur. On ne fera que l'évoquer.

Autre question liée, elle aussi seulement esquissée ici : comment expliquer le développement et la forme actuelle des structures financières du capitalisme, les prises de participations croisées, les holdings, le jeu des banques d'affaires dont la description fait les délices des lecteurs des journaux financiers ? Voilà une forme fort complexe de concrétisation de ces marchés de droits évoqués plus haut.

L'État et le marché

Cette digression sur le processus historique de différenciation capitaliste des économies de marché nous conduit à évoquer maintenant une autre dimension essentielle de ce processus, je veux parler de l'importance de l'intervention de l'État. L'État, on l'a déjà noté, est présent dans les économies de marché, dans lesquelles il apporte le minimum d'organisation nécessaire au fonctionnement des marchés. Mais il faut aller plus loin : toutes les économies de marché modernes sont des économies mixtes, c'est-à-dire des économies où l'imbrication de l'État et du marché dans l'activité économique – dans la production de biens et de services mais aussi et surtout dans la redistribution des richesses – est considérable. En France, pour 1 euro de richesse produite, environ 45 centimes font l'objet de « prélèvements obligatoires » par l'État ou la Sécurité sociale, soit pour produire des services collectifs (éducation, défense), soit pour être redistribués (des actifs vers les inactifs, des bien-portants vers les malades, des contribuables vers les bénéficiaires de certaines prestations ou subventions). Même si ce taux doit être interprété avec la prudence nécessaire, puisque son calcul résulte de l'addition de grandeurs de nature différente, il fournit une indication significative du degré d'intervention de l'État dans la vie économique.

Le rôle de l'État s'est renforcé, en particulier en Europe, après la crise de 1929 puis après la Seconde Guerre mondiale. Ce renforcement s'est traduit la fois par une modification de la structure des dépenses publiques et par un gonflement de leur volume. Ces deux mouvements étaient liés à la satisfaction de nouveaux besoins collectifs mais le second s'est souvent vu facilité, voire légitimé, par les vertus conjoncturelles que la vulgate keynésienne prêtait à ces dépenses. Cette montée en puissance de l'État reflétait aussi l'influence alors croissante de projets politiques portés en Europe par les mouvements socialistes, également relayés par les chrétiens-démocrates, qui visaient à étendre et à étatiser l'assurance sociale et à réduire par la fiscalité les inégalités de revenu. Elle reflétait enfin, mais de façon plus sporadique, une volonté de contrôler par la nationalisation une partie des moyens de production. Cet accroissement du rôle de l'État a souvent été accompagné d'une modification des formes de négociation ayant cours sur le marché du travail – par exemple, les dispositifs légaux construits autour des conventions collectives –, qui se sont parfois appuyées sur des expériences pionnières dont Henry Ford fut l'instigateur. Selon certains auteurs, ces dispositions modifieraient significativement les conditions de la régulation conjoncturelle des économies capitalistes, en les faisant passer d'un régime dit « concurrentiel » à un régime qu'ils appellent, en référence au rôle d'Henry Ford, « fordiste »[1].

Quoi qu'il en soit, il est certain que l'accroissement du rôle de l'État et l'encadrement du marché du travail, qui a bien souvent contribué a en atténuer la connexion avec les marchés de biens, sont caractéristiques de ce que l'on a pu appeler l'économie « sociale-démocrate ». La Suède des années 1970 en a été l'archétype, mais de nombreux pays européens ont, à leur façon, illustré la formule. La mondialisation, on le verra, met le modèle à rude épreuve.

La poursuite de cet exercice de différenciation institutionnelle nous conduirait, en suivant les tendances récentes des analystes, à mettre l'accent sur les différences des politiques d'emploi des grandes firmes – un point que la curiosité intermittente pour la société japonaise a périodiquement remis au premier plan à la fin du XXe siècle – ou sur les différences des superstructures financières – en opposant ainsi le capitalisme rhénan, où un petit nombre de grandes banques contrôlerait les entreprises, au capitalisme anglo-saxon, où les actionnaires exerceraient un pouvoir effectif.

La comparaison institutionnelle est un exercice séduisant, mais qui pourrait se réduire à un travail d'entomologiste. Les institutions peuvent jouer un rôle clé ou n'être un simple voile. Pour trouver la clé ou lever le voile, il nous faut accepter peut-être un très long « détour de production », c'est-à-dire revenir aux mécanismes, voire à la mécanique du marché.

Note :

1. C'est un point mis en avant par ce que l'on a appelé l'« école de la régulation » (voir Bibliographie).

Le temps de la réflexion et de la théorie : le marché stylisé

L'épistémologie des sciences est formelle : il n'y a pas de fait dont l'interprétation ne repose peu ou prou sur la sollicitation implicite ou explicite d'un appareillage conceptuel ou théorique. Cette vérité s'applique sans nul doute à notre sujet. Le temps de l'observation, dans le paragraphe précédent, nous cantonnait cependant dans une description assez neutre. Le jugement sur les phénomènes qui apparaissent dans un espace aussi complexe que celui des économies de marché sollicite de manière décisive la réflexion : les controverses passées ou présentes sur le sujet portent rarement sur les faits « bruts », mais plus souvent sur leur interprétation. Les grandes polémiques de l'histoire de la pensée économique, qui sont à l'arrière-plan des questions d'organisation sociale et auxquelles le débat politique fait un écho assourdi, sont des polémiques théoriques ! C'est sans doute ce que Marx avait à l'esprit lorsqu'il déclarait : « L'économie ne peut s'aider des seuls réactifs de la chimie, [...] l'abstraction est la seule force qui peut lui servir de guide. »

Vient donc maintenant le temps de la réflexion. Elle va nous conduire à décrire le processus qui a conduit les économistes à construire la catégorie du marché et à en penser le fonctionnement. Cette étape, qui va nous faire passer du marché isolé au marché généralisé, est difficile. Elle est aussi décisive. La revue des analyses théoriques du marché à laquelle nous allons procéder nous fournira les matériaux indispensables à la réflexion critique sur le marché qui sera entreprise dans la deuxième partie.

L'équilibre d'un marché isolé

La « loi » de l'offre et de la demande fait partie du fonds commun de la culture économique de notre époque. Comme chacun sait, si la « demande » augmente, le prix augmente ; si l'« offre » augmente, le prix diminue. Si l'intuition qu'elle recouvre est certainement ancienne, sa formulation rigoureuse ou, si l'on veut, sa démonstration, est relativement récente. À vrai dire, il a fallu attendre 1838 pour que le mathématicien français Augustin Cournot introduise la notion de courbe de demande dans la littérature économique. Il faut à ce stade introduire un diagramme : suivant la convention de l'économiste anglais Alfred Marshall, portons le prix du bien – appelons-le p – en abscisse, et la quantité de biens en ordonnée. La courbe de demande associe à tout prix une quantité, celle que le « marché » – c'est-à-dire l'ensemble des intervenants du marché qui recherchent le bien, qui en sont demandeurs – absorbera à ce prix (voir fig. 1). Cette courbe de demande agrège des demandes individuelles qui sont éventuellement de forme plus simple : par exemple, il est possible que chacun des intervenants demande une seule unité et qu'il ait ce que l'on appelle un « prix de réserve* », c'est-à-dire un prix maximum en dessous duquel il achète l'unité et au-delà duquel il cesse d'acheter : la demande individuelle a ainsi une forme en escalier (voir fig. 2).

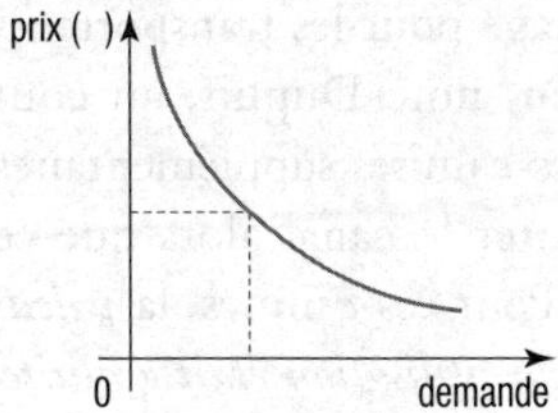

Figure 1

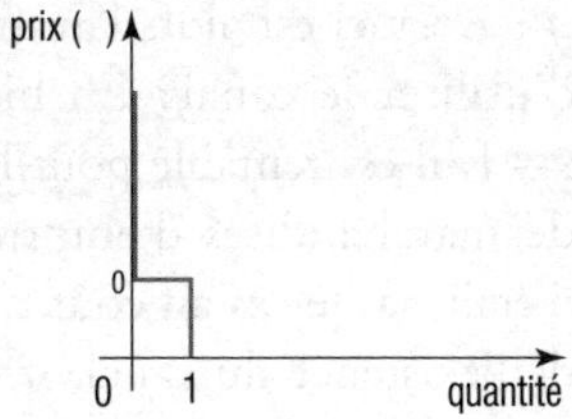

Figure 2

La courbe d'offre exprime d'une manière symétrique le comportement des offreurs : au prix *p*, ils sont disposés à mettre sur le marché la quantité indiquée sur le graphe d'offre. L'intersection de la courbe d'offre et de la courbe de demande définit un prix qui a la propriété remarquable de faire coïncider, d'égaliser, l'offre et la demande ; c'est le prix d'équilibre. Ce prix abolit la différence entre ce que chaque côté du marché propose. Il n'abolit certes pas le conflit d'intérêt entre acheteur et vendeur – l'acheteur préférerait un prix plus faible et le vendeur un prix plus élevé ! – mais il a cette fois une propriété remarquable qu'en suivant quelques années après Cournot, l'ingénieur des Ponts et Chaussées Jules Dupuit, nous allons maintenant introduire. S'interrogeant sur la rentabilité d'un canal dans le centre de la France, Dupuit se demandait quel était l'avantage que retireraient les transporteurs d'un abaissement du coût du transport ? Le coût du transport s'identifie ici aussi au prix du bien, et la relation entre le volume de marchandises transportées et le coût de transport – le premier augmente quand le second diminue – constitue ici l'équivalent de la courbe de demande (voir fig. 3). Lorsque le coût diminue d'une unité, disons de c à $c - 1$, le volume transporté passe de la quantité q à la quantité

$q + e$. Quel est alors l'avantage pour les transporteurs d'utiliser le canal ? Eh bien, note Dupuit, au coût $c - 1$, il est rentable pour les *e* unités supplémentaires de marchandises d'emprunter le canal alors que ce n'était pas le cas au coût *c*. Pour ces *e* unités, la *valeur* de l'existence du canal, *si son utilisation était gratuite*, serait inférieure à *ce*, mais supérieure à $(c - 1)e$. Quand l'abaissement du coût est faible et que, en conséquence, *e* est petit, la valeur recherchée est très proche de *ce*. C'est donc, si l'on poursuit ce raisonnement, que le gain pour les transporteurs d'une utilisation du canal, lorsque le coût de passage diminue de *C* à *c*, et donc lorsque la quantité transportée s'accroît de la valeur *q* à la valeur supérieure *Q*, n'est autre que la surface hachurée sous la courbe de trafic (fig. 5). Le raisonnement s'applique lorsque l'on passe d'une courbe de trafic, comme celle considérée par Dupuit, à la courbe de demande d'un bien quelconque. Une surface hachurée analogue à celle de la figure 5 définit sur la figure 6 le « surplus » du consommateur.

Pour définir de façon analogue un surplus du producteur, admettons que lorsque le prix est *p*, les producteurs accroissent leur production jusqu'au moment où le coût de la dernière unité produite égale le prix ; on reviendra sur cette hypothèse mais on peut déjà noter qu'elle n'est pas déraisonnable : si produire une unité supplémentaire me coûte moins cher que le prix que j'en obtiendrai, pourquoi ne pas la produire[1] ? Mais s'il en va bien ainsi, la surface sous la courbe d'offre entre 0 et *Q* représente cette fois le coût total de l'accroissement de la production entre 0 et *Q*. Si le prix se fixe finalement au niveau p_1, le surplus du consommateur est la zone hachurée au-dessus de l'horizontale d'ordonnée p_1 ; le surplus du producteur est mesuré par l'aire hachurée en dessous de la même horizontale. Une conclusion s'ensuit : le prix d'équilibre $\bar{p}$ est celui qui maximise la somme des surplus du consommateur et du producteur !

Cette (trop ?) rapide analyse a pourtant mis en exergue un certain nombre de propriétés qui se trouvent au centre de toute discussion sur la nature et les vertus du marché. La première est ce que les économistes appellent une propriété « positive* » : il existe sur le marché un prix d'équilibre – c'est évident, puisque la courbe d'offre est croissante et la courbe de demande décroissante – et à ce prix d'équilibre, les transactions effectuées par les agents correspondent à leurs souhaits ; il n'y a pas de rationnement ou de

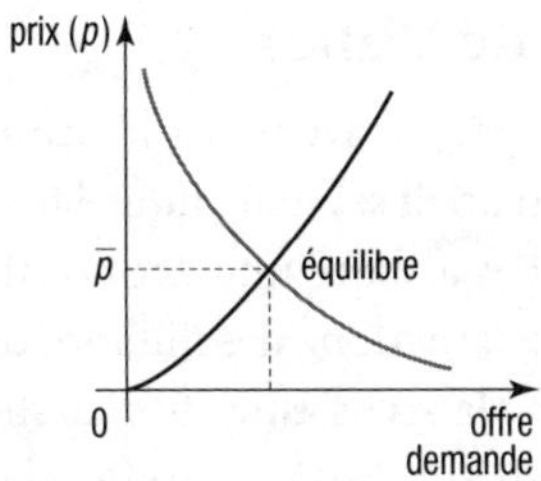

Figure 3

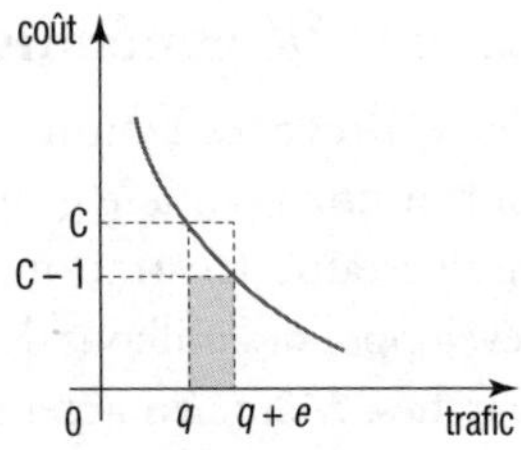

Figure 4

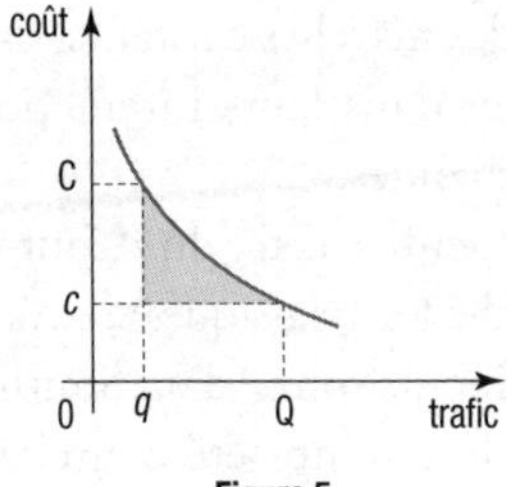

Figure 5

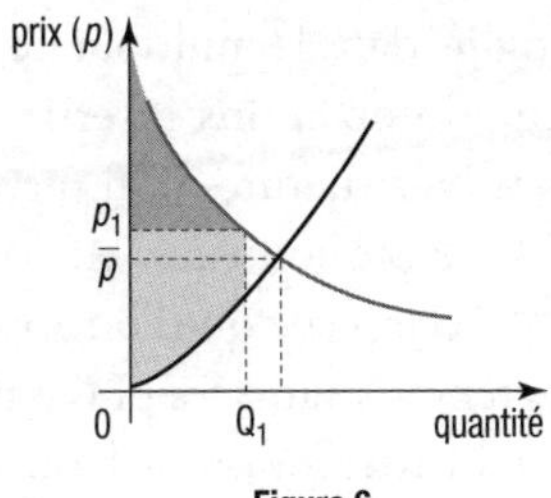

Figure 6

restriction quantitative, hors celles qu'imposent les contraintes budgétaires qui, évidemment, limitent les choix individuels. La deuxième et la troisième propriété sont dites au contraire « normatives* ». En l'occurrence, elles soulignent deux vertus du marché : d'une part, le marché, du moins le marché stylisé que nous avons analysé, « épuise » les gains à l'échange, les rend maximaux au sens précis où, comme on l'a dit, la somme des surplus (celui du consommateur et celui du producteur) est maximale ; d'autre part, le prix coïncide avec le coût de la dernière unité produite, il fournit donc une bonne évaluation du coût pour la « société » d'un petit accroissement de la production – dans le jargon de l'économiste, on dira un « accroissement marginal* ».

Le marché généralisé de Walras

Cette brève réflexion sur un marché isolé nous fournit une première grille d'analyse, mais nous laisse une certaine frustration. Il y a dans une économie développée des millions de biens et donc des millions de marchés. Même en acceptant la stylisation du marché isolé, on pressent que la difficulté à appréhender intellectuellement une économie de marché trouve son origine dans la multiplicité des marchés existants, dans leurs interactions internes et dans leurs interactions avec les structures non marchandes.

Les économistes, en particulier ceux du début du XIXe siècle, ceux que l'on appelle les « classiques », et dont les représentants les plus éminents sont Adam Smith et David Ricardo, ont depuis longtemps été conscients de la complexité des interactions qui déterminent les prix dans le système productif. Un système dans lequel, comme l'a martelé à nouveau Piero Sraffa dans les années 1950, « les biens sont produits au moyen de biens »[2]. Le prix du bien dans un secteur dépend de son coût, qui dépend lui-même des prix des intrants nécessaires à la production du bien, donc du prix des biens dans les autres secteurs. La difficulté tient à la circularité du raisonnement. Le prix de chaque bien peut dépendre du prix de tous les autres. S'il y a *n* biens, les prix sont donc les solutions d'un système de *n* équations (linéaires dans les cas simples auxquels les classiques se référaient le plus souvent) à *n* inconnues. Aujourd'hui, les tableaux de Leontieff* donnent une représentation stylisée du secteur productif d'une économie nationale qui exprime et quantifie les interdépendances soulignées par les classiques. Le recours à l'algèbre linéaire permet de soulager l'analyse !

Mais l'analyse des interdépendances des coûts de production ne saurait suffire à appréhender le rôle et les limites du système de prix dans l'univers complexe où se déploie l'activité d'une économie moderne. L'économiste français Léon Walras fut l'un des premiers, avec l'Anglais Williams Jevons et l'Autrichien Carl Menger, à développer un modèle mathématique destiné à fournir un cadre rigoureux – analogue, dans son esprit, à celui que les modèles mathématiques de la physique théorique fournissent à la discussion des phénomènes physiques – à l'analyse. Le modèle de Walras décrit l'univers du marché généralisé, parfois dit « sans friction » ou « parfait », où coexistent entreprises, consommateurs et ménages qui produisent ou échangent un grand nombre de biens. Le modèle – parce qu'il réintroduit la demande – est à visée plus générale que celui des classiques ou de leurs émules modernes. Le marché généralisé fait émerger des prix qui reflètent, comme le voulait Sraffa, les conditions de la production mais aussi, contrairement à ce que suggérait Sraffa, les caractéristiques de la demande finale.

L'entreprise intellectuelle parut révolutionnaire à son époque, voire scandaleuse – elle valut à son auteur un exil universitaire à Lausanne, qui en tire aujourd'hui encore une partie de son renom universitaire, qui associe au nom de Walras celui de Pareto qui lui succéda. Elle eut une descendance brillante.

Beaucoup des grands économistes du XXe siècle s'y référèrent, même si le prestige du maître de Cambridge de la fin du XIXe siècle, Alfred Marshall, domina longtemps la réflexion anglo-saxonne sur le marché. Après la Seconde Guerre mondiale, l'école d'économie mathématique consacra l'essentiel de son effort à clarifier, préciser, généraliser les intuitions de Walras et de ses successeurs. Autre succès posthume de l'entreprise de Walras, la modélisation, très minoritaire parmi les économistes jusqu'aux années 1950, est aujourd'hui devenue un moment quasi obligé de toute réflexion théorique.

Les avatars modernes du modèle qu'on pourrait qualifier de « post-walrasiens » constituent encore aujourd'hui les tentatives les plus élaborées d'une maîtrise synthétique des mécanismes de formation des prix dans un contexte qui transcende celui des multiples marchés élémentaires. Ils fournissent une vision générale de nombreux problèmes, qui a permis de dépasser et de clore des polémiques anciennes et constituent de ce fait une référence incontournable dans de nombreux champs du savoir économique qui vont de la théorie des prix à la théorie du capital, de la macroéconomie* au commerce international. Ils sont donc des points de passage incontournables pour toute réflexion ambitieuse. Point de passage ne signifie pas pour autant, nous y reviendrons tout à l'heure, schéma indépassable.

L'équilibre du marché généralisé

À l'arrière-plan de la modélisation promue par Walras, on retrouve les deux grandes questions qui hantent les économistes depuis l'apparition de la discipline économique comme science autonome au XVIIIe siècle et auxquelles le marché stylisé isolé donne, nous l'avons vu, une réponse simple mais très largement insatisfaisante. La première est la question qualifiée précédemment de « positive », la seconde a été dite « normative ».

Venons-en à la question « positive ». La régulation essentiellement décentralisée qu'opèrent les prix (décentralisation des décisions et prix sont deux caractéristiques inhérentes à l'idée de marché) est-elle susceptible de faire émerger de l'ordre à partir du désordre initial d'un système complexe ? Cette question n'est pas uniquement rhétorique : toute une tradition « catastrophiste » de la pensée économique dénie au marché une capacité d'autorégulation. Figure de proue de cette tradition, Jean-Charles Sismondi s'oppose vivement à l'argumentaire de Jean-Baptiste Say, pour qui « l'offre crée sa propre demande ». Pour Karl Marx, l'instabilité du marché, si elle peut être contenue dans le court terme, se manifestera inéluctablement dans le long terme. La baisse tendancielle du taux de profit, inhérente au système, porte en germe une destruction, qui ne pourra être retardée, selon Lénine et ses disciples, que par l'extension de l'impérialisme.

Comme le disent Kenneth Arrow et Frank Hahn, dans l'introduction de leur ouvrage *General Competitive Analysis*, « la réponse la plus immédiate et la plus sensée à la question : "À quoi ressemble une économie motivée par l'intérêt personnel et contrôlée par un grand nombre d'agents différents ?" est probablement : "C'est le chaos." Le fait qu'on donne depuis longtemps une réponse différente a cette question [...] est en soi une raison suffisante pour l'étudier sérieusement ».

L'étude, élémentaire dans le cas d'un marché isolé, simple dans le monde stylisé des matrices de coefficients techniques, est certes plus difficile dès lors que l'on cherche à rendre compte des complexités supplémentaires des interactions économiques. Ce que les théoriciens appellent les « théorèmes d'existence » établissent les conditions raisonnables qui autorisent un équilibrage simultané des prix et des quantités, et rendent compatibles les actions des multiples agents économiques sur chacun des marchés.

L'analyse du marché généralisé conduit donc à des conclusions à la fois beaucoup moins immédiates et plus ambiguës que celles tirées de l'examen d'un marché isolé. D'abord, rien n'assure qu'il y ait un seul équilibre (mathématiquement, le système d'équations n'est plus linéaire et n'a plus nécessairement une solution unique, même si il a une solution). Voilà qui ouvre des horizons intellectuels inédits. Ensuite, si ce que l'on désigne parfois comme « les forces du marché », c'est-à-dire la tendance des prix à augmenter en cas d'excès de demande et au contraire à baisser en cas d'excès d'offre, conduisent naturellement à l'équilibre du marché isolé, sont-elles de même favorables à l'émergence de l'équilibre sur des marchés multiples interdépendants ? Ici, le processus d'équilibrage, ou si l'on préfère l'expression plus suggestive « d'équilibration » de François Perroux, est infiniment plus complexe que ce que l'apologue de l'offre et de la demande sur un marché isolé suggère. En effet, toute modification de prix sur un marché destiné à rapprocher offre et demande est susceptible de perturber un marché voisin : ainsi, en augmentant le prix d'une catégorie de véhicules, je fais diminuer la demande de ces véhicules, mais j'augmente la demande des cylindrées plus faibles ou plus fortes ; il se produit ce que l'on appelle un « effet de report ». Le cas du marché du travail est à cet égard particulièrement exemplaire ; : la réduction ou au contraire l'accroissement des salaires détermine non seulement les conditions prévalant sur le marché du travail mais aussi le pouvoir d'achat des salariés et donc leur demande sur tous les marchés de biens.

Nous reprendrons cette question, mais auparavant il faut revenir sur la question normative, c'est-à-dire sur les mérites de la solution du marché généralisé.

Les vertus de l'équilibre du marché généralisé et leurs limites : prix et distribution des revenus

L'équilibre général, dès lors qu'il est obtenu, crée de l'ordre. Mais que penser de cet ordre ? Rappelons que l'analyse du marché isolé nous avait montré que l'équilibre épuisait en un certain sens les gains à l'échange. L'équilibre du marché généralisé est, comme on vient de le voir, plus difficile à concrétiser. Mais il a des vertus normatives analogues : l'arrangement au sein du système productif est « efficace ». Par exemple, à utilisation donnée des facteurs, on ne peut augmenter la production d'un bien sans diminuer la production d'un autre : l'équilibre épuise donc ici les gains à la production. Ensuite, la distribution entre les agents finaux est « efficace » : on ne peut changer la répartition des biens produits sans que certains y perdent. À nouveau en un sens plus général qu'auparavant, et au travers d'une mécanique plus sophistiquée, l'équilibre épuise les gains à l'échange. On dit dans le langage technique, qu'il constitue un optimum de Pareto ou qu'il est efficace au sens de Pareto.

Ainsi, l'affrontement des intérêts individuels, médiatisé par le marché, conduit à la concrétisation d'une forme d'intérêt collectif. 0n ne peut s'empêcher de penser à Adam Smith qui réfutait l'opposition entre l'intérêt individuel et intérêt collectif. « Ce n'est pas de la bienveillance du boulanger, du boucher, du marchand de bière que nous attendons notre dîner, mais bien du soin qu'ils apportent à leurs intérêts. »

Mais les mérites de l'efficacité que nous avons soulignés ne sont pas sans ambiguïté : « efficace » ne veut pas dire « juste » ou, au contraire, « injuste », en tel ou tel sens que l'on peut donner au mot « justice ». Comme s'il y avait beaucoup de dîners possibles !

C'est que le marché stylisé détermine simultanément les prix des biens et ceux des facteurs de production, donc simultanément prix et revenus. Les prix orientent les décisions des agents économiques, achats, ventes, c'est-à-dire l'allocation des ressources. Mais ils déterminent aussi leur pouvoir d'achat, en d'autres termes affectent la distribution des revenus.

Dit autrement, les effets des prix sur mon bien-être s'exercent au travers de deux canaux, d'abord celui de ma rémunération, salariale le plus souvent, mais aussi celui de n'importe quel bien de consommation dont le prix plus ou moins élevé grèvera plus ou moins mon budget.

À moins qu'il ne soit possible d'éviter la contradiction entre les deux fonctions du prix, instrument d'orientation des décisions économiques et déterminant de la répartition du bien-être dans la société ? Cette suggestion reçoit une double réponse.

Une réponse négative, car le marché détermine à la fois la taille du gâteau et sa répartition. Même si la taille du gâteau est maximale, comme elle l'est dans le cadre d'un marché walrasien sans friction, rien n'assure que sa répartition soit « socialement » satisfaisante. De même que le prix d'équilibre d'un marché isolé apure ledit marché et « épuise » les gains à l'échange sans égard particulier pour la répartition de ces gains, le système de prix que fait émerger le marché généralisé reflète un nombre considérable de facteurs : les ressources rares disponibles, les technologies accessibles, les goûts des consommateurs… En particulier, il valorise les capacités individuelles innées ou acquises d'une manière très largement arbitraire au regard des considérations de l'équité verticale, sur lesquelles nous reviendrons plus loin. De plus, une partie des revenus que le marché engendre reflète clairement des dotations initiales souvent issues de positions patrimoniales inégalitaires.

La réponse pourrait cependant être affirmative si l'on pouvait supposer la société capable d'opérer des transferts susceptibles de déconnecter les deux fonctions, en quelque sorte de redécouper le gâteau après qu'il a été produit : des transferts sans coût que les économistes appellent « forfaitaires ». À quel point les outils réellement disponibles permettent-ils de procéder à une redistribution sans coût significative ? C'est une question qui mérite un examen supplémentaire et sur laquelle nous reviendrons en confrontant théories et faits.

Notes :

1. Une raison pour ne pas le faire est que le prix du bien soit significativement affecté par l'accroissement de la quantité, le producteur disposant alors de ce que l'on appelle un « pouvoir de marché ».

2. Voir l'ouvrage *Production of commodities by means of commodities* (bibliographie).

Mérites et limites du marché

Le marché crée de l'ordre et conduit à ce que l'on a appelé « l'efficacité économique ».

Pour mieux comprendre cette propriété, nous reviendrons en amont et introduirons le point de vue d'un planificateur, à la fois idéal et quelque peu imaginaire. Son action ferait émerger des signaux prix qui ressembleraient comme des frères jumeaux à ceux émergeant du marché généralisé. Mais, mérite spécifique du marché, il permet d'extraire naturellement de l'information qui resterait largement inaccessible, sinon à notre planificateur mythique du moins à un planificateur réel.

Après avoir souligné ce mérite additionnel, nous passerons en revue toute une série de limites du marché.

Première limite dont nous venons de parler ; elle tient au fait que le marché détermine simultanément les prix des biens échangés mais aussi les revenus des facteurs et donc les rémunérations des agents économiques participants. Docteur Jekill et Mr Hyde ? Nous prolongerons ici l'incursion en introduisant d'abord que l'on appelle les « défaillances de marché », une catégorie traditionnelle (parfois intitulée « échecs du marché », « *market failures* » en anglais) qui conduira à réfléchir à des complémentarités entre action centrale, intervention de l'Etat et marché.

Enfin nous reviendrons sur une difficulté qui a été évoquée, celle de la qualité des mécanismes d'ajustements censés conduire à l'équilibre des marchés.

Marché et planification idéale : des arcanes de l'efficacité

Poursuite de l'intérêt individuel et harmonie économique sont-elles compatibles et ce jusqu'à quel point ? Nous avons déjà esquissé la discussion dans le cadre du marché généralisé de Walras en mettant en exergue les formes et les limites de l'harmonie produite par la conciliation des intérêts économiques à laquelle il parvient.

Essayons de mieux comprendre les conditions de ce que l'on a appelé l'« harmonie économique », qui renvoie à l'idée d'efficacité économique introduite plus haut (et plus généralement à la logique et à la nature des mérites de la coordination marchande, si l'on fait abstraction des problèmes de distribution des revenus). Pour ce faire, la réflexion et la modélisation ont souvent pris appui sur une fiction – celle d'un planificateur omniscient, omnipotent et bienveillant dont les calculs complexes mais instantanés mettraient en regard les possibilités techniques et les besoins et conduiraient à décider des consommations et des productions dans toute l'économie. Comparer la solution à laquelle ce planificateur parviendrait et l'équilibre du marché généralisé, nous fournit une première grille d'analyse des mérites du marché dans le registre normatif examiné.

Notons d'abord que l'arrangement efficace de la production et de la distribution des richesses auquel nous nous intéressons constitue une tâche gigantesque. Il faut distribuer les biens de façon « socialement » satisfaisante, vaste question dont la définition même est loin d'être triviale, nous y reviendrons. Il faut aussi les produire en exploitant au mieux, efficacement, le potentiel de l'économie pour parvenir justement à ce que les économistes appellent l'« efficacité productive ». Le mot « efficacité » est pris ici dans une acception précise mais qui recouvre le sens commun : on ne peut produire plus, sous-entendu dans l'économie tout entière, avec les facteurs de production dont l'économie dispose initialement. Mais l'intuition des conditions de cette efficacité n'est pas nécessairement la chose la mieux partagée. Elle choque parfois, ou du moins requiert d'être apprivoisée par le sens commun.

La théorie des avantages comparés de David Ricardo illustre le besoin d'éducation de l'intuition économique. L'Angleterre produit du textile, sous-entendu produit dans un secteur où le pays est particulièrement productif, et le Portugal du vin, un bien pour la production duquel le pays est géographiquement privilégié. Première situation de spécialisation : l'Angleterre ne produit que du textile et le Portugal produit seulement du vin. Une seconde spécialisation[1] serait celle où le Portugal produirait du textile et l'Angleterre du vin. Il est facile d'imaginer, les deux pays étant de taille comparable, que la première situation est « efficace », quand la seconde ne l'est pas : elle conduit à la fois à produire moins de vin, car le climat anglais ne s'y prête pas, et moins de textile, le Portugal ne disposant pas d'une industrie performante. Rien de surprenant, direz-vous. Non, apparemment. Si, car, si l'on y réfléchit plus avant, les vertus de la spécialisation ne tiennent pas à ce que l'Angleterre soit dans l'absolu plus efficace dans la production de textile et le Portugal plus efficace dans la production de vin (c'est le point de vue de l'avantage absolu). La conclusion de la comparaison subsisterait même si l'Angleterre était plus efficace à la fois pour produire du vin et du textile que le Portugal. Le nœud décisif du raisonnement est le suivant : lorsque l'Angleterre réduit d'une unité sa production de textile et qu'elle transfère les ressources correspondantes à la production de vin, elle produit moins de vin que ne peut en produire le Portugal au travers de la même opération, c'est-à-dire lorsqu'il réduit sa production de textile et accroît celle de vin. En d'autres termes, ce qui compte, c'est l'« avantage comparé », non l'avantage absolu. Il s'agit d'une remarque simple, susceptible d'applications dans la vie courante mais, jusqu'à un certain point, contre-intuitive, ou du moins rebelle à une intuition trop superficielle de la « mécanique » économique. Voilà un exemple, celui d'un problème simple d'organisation de la production, qui illustre la difficulté à fonder l'intuition économique. Mais, organiser la production d'une économie complexe requiert plus que superposer une série d'intuitions fondées sur des exemples simples…

Planification, marché et information : les prix comme signaux

Voilà donc esquissées la logique et les difficultés de la mécanique de l'utopie planificatrice. Cependant, par les pouvoirs qu'on lui a définis plus haut, notre planificateur mythique a les moyens de la concrétiser : dès lors qu'il peut formuler sa conception du bien-être social (il est omniscient) et finalement de l'imposer (il est omnipotent), il lui suffit d'observer l'économie et de calculer la solution. Pour y parvenir, il n'a aucunement besoin de prix. Pourtant, tout se passe nécessairement comme s'il en utilisait ! À l'« optimum social » (« l'état de rendement social maximal », disait Maurice Allais), on peut attacher à chaque bien un nombre qui représente aussi bien le coût de la production que la valeur de l'utilisation d'une unité de ce bien dans la société – l'économiste soviétique Léonid Kantorovitch, qui voyait dans la planification réelle une concrétisation du programme de la planification utopique, disait « une valeur sociale objectivement déterminée ». Ce nombre est un ingrédient essentiel de la coordination. Il identifie le coût qu'il faut assigner à l'utilisation du bien par les agents dépensiers (puisque tout se passe comme si l'optimisation centrale conduisait à minimiser les coûts ainsi mesurés, tant des plans de production que des paniers de consommation). Les valeurs ou coûts sociaux mis en évidence par les calculs de notre planificateur mythique constituent un ensemble de signaux qui ressemblent comme des frères jumeaux à des prix. Ces signaux ne sont pas toujours suffisants pour une bonne coordination de l'activité économique ; par exemple, ils ne permettent pas de fixer sans ambiguïté le niveau d'activité d'un monopole naturel* dont la technologie incorpore des rendements croissants*. Ils sont cependant nécessaires : en leur absence, vont apparaître toute une série de « gaspillages invisibles », résultant de choix techniques inappropriés au sein d'une entreprise ou d'un secteur, ou encore d'une mauvaise répartition des ressources humaines et matérielles entre les unités et les secteurs de production. L'identification[2] de ces gaspillages échappe souvent à la perception immédiate, tout comme la logique de l'avantage comparé évoquée plus haut échappe à l'analyse trop hâtive.

L'analyse qui vient d'être esquissée, malgré ses insuffisances sur lesquelles on reviendra, va très au delà de l'intuition que le marché isolé ou même le marché de Walras nous avait donné sur les vertus normatives du signal prix. Ce qui est en cause est non le rôle des prix pour une solution efficace particulière (le premier théorème de l'économie normative diraient les manuels), mais leur rôle dans l'émergence de n'importe quelle solution efficace au sens évoqué précédemment (le second théorème de l'économie normative cette fois). Elle souligne une des fonctions essentielles du système des prix qui, idéalement, devrait refléter les coûts que l'utilisation individuelle des biens occasionne à la société toute entière, compte tenu de ses objectifs. Les prix servent à dire les coûts comme les horloges servent à dire l'heure, disait plaisamment Marcel Boiteux alors au service économique d'EDF[3]. Les prix doivent donc être, autant que possible, des prix « vrais »[4] : nous y reviendrons

Curieusement peut-être, on peut voir dans cette préoccupation d'affichage des bons signaux coûts l'avatar moderne d'une vieille interrogation. Les économistes du début du XIXe siècle dont on a parlé, « les classiques » comme on les a appelés, avaient en tête un monde où l'ensemble des alternatives techniques disponibles était extrêmement limité. De ce fait, ils ne pouvaient être pleinement conscients du rôle des prix dans le choix des techniques et plus généralement dans l'allocation des ressources. Mais paradoxalement, ils étaient préoccupés, voire dans certains cas, comme Ricardo, obsédés par les écarts que le marché introduisait entre les valeurs travail – c'est-à-dire la somme des quantités de travail directement et indirectement incorporées dans la fabrication des biens – et les prix de ces biens. Ce souci d'évaluer la validité, en regard de considérations plus fondamentales, des signaux-prix était légitime, même si notre compréhension moderne fait douter de la pertinence de la référence à la valeur travail, ou même, comme on en a discuté précédemment, de la seule considération de caractéristiques des techniques de production pour l'évaluer.

Ouvrons ici une autre parenthèse importante. En mettant en exergue le potentiel des prix de marché à dire les coûts vrais qui seraient associés à une planification parfaite, on surestime pour bien des raisons, comme on le verra dans la suite, les mérites du marché réel. Reste que ledit « marché » s'est tiré honorablement de la comparaison avec le planificateur mythique, alors que les dés étaient truqués. Pour comparer sérieusement marché et action publique centralisée, et pour apprécier leur complémentarité, l'analyse des défaillances du marché doit se doubler d'une étude symétrique des « défaillances de la planification ».

Explicitons les pouvoirs exceptionnels que nous avions implicitement prêtés au planificateur que nous avions sollicité. Il était omnipotent : omnipotence dangereuse qui n'est ni souhaitable, car la bienveillance qu'on lui attribuait était elle-même hypothétique, ni vraiment réalisable. Il possédait des capacités de calcul infinies, quand on sait aujourd'hui qu'une multiplication exponentielle des possibles assigne des limites considérables aux capacités de calcul des ordinateurs les plus performants. Enfin, il était omniscient, quand l'expérience a montré qu'un des problèmes principaux des planificateurs réels est la difficulté à extraire l'information pertinente, qu'elle résulte ou non de la dissimulation, sur le potentiel productif et sur les besoins. Pour le dire autrement, cette hypothèse d'omniscience surestime plus encore les capacités du planificateur à organiser la production : comment en effet déterminer les plans de production sans connaître exactement les possibilités technologiques des entreprises et comment douter que ce savoir technologique ne sera transmis sans distorsion par ceux qui le détiennent que s'ils sont convenablement incités à le faire ?

Opérateur sans état d'âme, le marché a de ce point de vue un avantage certain : il n'autorise aucune utilisation intentionnelle de l'information. Par exemple, une entreprise qui démontre par son comportement sur le marché de grandes réserves de productivité, fruit par exemple d'un effort antérieur, ne se verra pas pénalisée. Paradoxalement, un planificateur central ne peut s'engager à ce qu'il en soit ainsi : c'est la source de l'effet de cliquet, qui mina la planification soviétique – nous en reparlerons. Ainsi, avec quelque retard sur les faits, les théories récentes ont mis en évidence que beaucoup des mérites et certains des avantages antérieurement présumés de la planification centralisée reposaient sur une surestimation de sa capacité à extraire l'information nécessaire à son activité.

En ce sens, le marché est, dans le langage de la théorie, un système d'incitations performant. Non qu'il ait les vertus quasi-miraculeuses qu'un grand théoricien libéral comme Hayek lui attribue dans le recueil de l'information. Non qu'il faille méconnaître les fortes limites des marchés financiers dans la transmission de l'information pertinente (on y reviendra dans la troisième partie). Mais la réflexion sur ce sujet qui a conduit à ce que l'on a appelé la « révolution informationnelle » des années 1970 et 1980 a convaincu beaucoup d'économistes que le marché joue un rôle essentiel et remarquable pour transmettre l'information disséminée dans le système productif.

Les « défaillances » du marché

L'analyse du rôle majeur joué par le signal prix à l'arrière-plan des calculs complexes de notre planificateur hautement improbable nous invite à comparer l'« optimum » qu'il peut mettre en œuvre et la solution, ou du moins le type de solution à laquelle conduirait le marché généralisé de Walras, lui aussi quelque peu improbable mais reposant entièrement sur des interactions « médiatisées » par les signaux prix. L'analyse va souligner les cas dans lesquels le marché généralisé de Walras montre des difficultés rédhibitoires à reproduire, sinon l'optimum social, du moins certaines de ses caractéristiques. Il y a alors, dans le jargon technique, « défaillance de marché ».

Une première forme de défaillance apparaît lorsque le marché échoue à faire émerger des signaux prix qui soient non seulement adéquats, mais suffisamment riches pour susciter les actions convenables : pour reprendre la métaphore de l'horloge, l'heure donnée est fiable, mais insuffisante à la décision. Ainsi, comme cela a été souligné plus haut, un signal prix de niveau « convenable » constitue une indication nécessaire mais non suffisante pour les choix de production en cas de rendements croissants[5].

La seconde défaillance de marché tient à la coexistence de biens à usage privatif, ceux que nous avons considérés jusqu'à maintenant, pour lesquels l'échange sur le marché généralisé est susceptible de faire émerger des signaux prix adéquats, et de biens dits « collectifs », pour lesquels il n'en va pas de même.

Qu'est-ce qu'un bien collectif ? La meilleure définition est probablement celle que Victor Hugo appliquait à l'amour d'une mère : « Chacun en a sa part et tous l'ont tout entier » ; le fait que je consomme un bien collectif – une émission de radio, l'air pur – n'interdit à personne d'autre d'écouter la même émission de radio ou de respirer le même air pur. Les moyens de défense de mon pays, dont le niveau et les caractéristiques s'imposent au citoyen que je suis, mais aussi la langue que je parle, sont d'autres exemples de ce que les économistes appellent un bien collectif « pur » (et qu'il faut distinguer de biens aux caractéristiques intermédiaires entre privé et collectif, comme l'éducation). L'usage que je fais d'un bien collectif pur n'interdit à personne d'en faire le même usage. L'étendue du « concernement », c'est-à-dire de la sphère des agents concernés, est variable ; le bien collectif peut être local, c'est-à-dire limité à une petite collectivité, ou universel, mondial : la qualité du climat, dont nous parlerons plus tard, renvoie à un bien collectif global.

Remarquons la dissymétrie formelle entre bien privé et bien collectif. La somme des consommations individuelles d'un bien privé doit être inférieure à la quantité disponible de ce bien, quand c'est la quantité de bien collectif consommée individuellement qui doit être inférieure à ladite quantité disponible. Voilà les deux formes dissymétriques que prend la contrainte de rareté. L'analyse normative, celle de la programmation mathématique évoquée plus haut, indique que le bon signal à fournir pour la consommation privative est un prix ; mathématiquement, la variable duale de l'unique contrainte de rareté : le prix est unique, la demande variable selon les agents. Dans le cas d'un bien collectif, il y a autant de contraintes de rareté qu'il y a d'agents, et donc autant de variables duales prix, des « prix personnalisés », différenciés entre les agents, mais qui ont la propriété, « duale » de la précédente, de susciter l'unanimité dans la demande de ce bien collectif !

Telle est l'ombre mathématique d'une difficulté bien réelle : le marché n'est pas spontanément adapté à la solution des problèmes de biens collectifs. La difficulté, comme dans le cas des rendements croissants, présente une double face, mais ici une substance différente.

Ou bien les fameux « prix personnalisés » de l'analyse normative qui vient d'être esquissée peuvent émerger d'un mécanisme quasi marchand. La contradiction est patente : la contribution de chacun au financement du bien collectif s'accroîtrait avec son prix personnalisé et donc au prorata de l'avantage personnel qu'il en retirerait. La porte est ouverte à la resquille (les Anglo-Saxons disent le *free riding*) : chacun, convié à déclarer les avantages personnels qu'il retire d'un équipement collectif, les sous-estimera afin de limiter sa propre contribution.

Ou bien le mécanisme d'inspiration marchande est viable mais alors, il n'incite pas aux actions adéquates. Ainsi, dans un mécanisme quasi marchand, plus fruste mais parfois utilisé, de souscription volontaire, chacun, à nouveau, autre variante de la resquille, est tenté de laisser à son voisin une part plus grande de l'effort financier collectivement nécessaire.

La troisième catégorie de défaillances de marché relève de la catégorie des « externalités* ». Une définition abstraite requiert quelque gymnastique intellectuelle qui risquerait à ce stade et dans ce contexte de rester assez obscure. Donnons plutôt un exemple d'une « externalité négative » : en pendant du bien collectif est son négatif le mal collectif. L'archétype en est la pollution ; l'air pollué, le négatif de l'air pur, affecte tous ceux qui le respirent. La pollution constitue une externalité négative, l'action du pollueur affecte directement – et non indirectement au travers d'effets qui transitent *via* le marché – le bien-être et/ou les conditions de production des autres agents économiques. Voilà, au travers de la phrase qui précède, une première définition, rapide à défaut d'être tout à fait satisfaisante, de la catégorie des externalités. Les externalités ne se limitent pas à la pollution, même lorsqu'elles sont négatives. Elle peuvent aussi être positives : l'apiculteur bénéficie de la présence de vergers voisins où ses abeilles peuvent butiner, une entreprise peut imiter l'innovation technique de l'un de ses concurrents…

Que la mécanique largement décentralisée du marché ne puisse résoudre un problème comme celui de l'allocation des biens collectifs ou la régulation des externalités n'est *a priori* pas surprenant. Pourtant, selon certains, la défaillance, improprement attribuée au marché, est celle de l'attribution de droits de propriété. Dans le cas particulier d'un mal public comme la pollution, Ronald Coase a souligné que l'instauration de droits de propriété (droits à polluer ou droits à l'air pur) conduirait à leur échange : si les pollués ont un droit à l'air pur, les pollueurs peuvent le leur racheter et *vice versa* si les droits sont au contraire attribués aux pollueurs – dans les deux cas, un échange mutuellement avantageux sera observé, conduisant à un état amélioré, sinon optimal. L'argument n'est ni complètement convaincant – en l'occurrence, asymétries, coûts de transaction, pouvoir de marché pourraient constituer des obstacles formidables au bon fonctionnement des procédures marchandes –, ni pleinement général – à tout le moins, il n'est pas aisément transposable au problème du choix du bien collectif.

La vérité est cependant qu'en ces domaines, biens collectifs, externalités, l'action appelle bien l'intervention collective. Mais cette intervention collective, celle d'un État, d'un gouvernement, ne s'identifie pas à l'action d'un planificateur donneur d'ordres universels mais combine l'utilisation d'instruments spécifiques à l'action centrale à un usage proportionné de mécanismes marchands.

La complémentarité du marché et de la planification : le cas des externalités

Reprenons le cas d'un bien collectif : l'exposé semblait le faire relever à tort du seul chapitre des défaillances du marché : bien évidemment les difficultés au cœur de cette défaillance, celles d'obtenir l'information sur les avantages que chacun retire d'un bien collectif, ne seraient résolues par enchantement par un planificateur que s'il était omniscient, une omniscience qui, là, porterait sur les besoins des agents économiques.

Dès lors que le planificateur n'est pas omniscient, la comparaison des mérites comparés du marché et d'une planification bienveillante doit, on l'a dit, être reconsidérée. Le verdict, qui avait pu paraître suggéré en filigrane, doit être amendé : là où nous avions conclu que le marché n'était pas inférieur à la planification omnisciente, il faut convenir que le marché est, souvent, potentiellement supérieur à la planification ; là où nous avions souligné des « défaillances de marché », sous-entendu vis-à-vis de la planification, il nous faut mettre en exergue des « défaillances de la planification » symétriques. Marché et intervention étatique ont alors des inconvénients et des mérites distincts qu'il faut expliciter au cas par cas. L'analyse suggère alors souvent de les combiner plutôt que de les opposer. Le marché apparaît alors, à tout le moins, comme un auxiliaire utile de l'intervention étatique.

L'action d'un gouvernement n'est donc pas celle d'un planificateur omniscient et omnipotent. Elle s'exerce certes par le biais d'instruments spécifiques, qui rappellent ceux d'un planificateur mythique « donneur d'ordres », mais ces instruments jouent dans un environnement marchand plus souvent en compléments qu'en substituts. Le domaine que l'on a dit des « externalités » est particulièrement représentatif de cette complémentarité.

Ainsi, la lutte contre la pollution et plus généralement les politiques de l'environnement s'appuient à la fois d'une part sur les instruments dits « réglementaires » et d'autre part sur les instruments dits « économiques ». Les premiers, comme leur nom l'indique, imposent des règles contraignantes qui portent soit directement sur les volumes des pollutions tolérées (quotas d'émission de tel ou tel polluant sur tel ou tel site industriel), soit sur les procédés (imposition de normes, comme par exemple le degré de raffinage de l'essence). Les seconds sanctionnent financièrement les émissions contribuant à la dégradation de l'environnement, ou, de façon équivalente, offrent des incitations monétaires à éviter ces émissions.

On regroupe habituellement les instruments économiques utilisés dans ce domaine en trois types : la fiscalité – taxation des émissions –, la subvention – à la réduction des émissions – et les marchés de permis d'émission. Chacun affecte directement le système de prix auquel sont confrontés les agents économiques dont les décisions sont susceptibles d'affecter l'environnement, et ce de façon moins différente qu'il n'y paraît. Ainsi, le versement d'une subvention de 60 euros par tonne de carbone évitée ou la taxation de la tonne de carbone à 60 euros affectent différemment le profit des entreprises, mais malgré tout l'affectent de la même façon, à la marge – le mot est à souligner –, et de la même façon que le ferait un marché de permis où le prix se fixerait à 60 euros. Dans tous les cas, une augmentation des émissions d'une tonne de carbone provoquera une perte de 60 euros pour l'entreprise exposée à ces mesures. Toutes ces mesures incitent, de façon parallèle, le producteur à adopter des techniques différentes, nouvelles, peut-être plus coûteuses, mais moins polluantes, même si elles ne le dissuadent pas de renoncer à toute émission polluante. Mais la mécanique financière mise en place par les instruments économiques conduit aussi à gonfler le prix final d'un bien dont la production est polluante, de telle sorte que ce prix dissuade sa consommation en aval et donc réduit sa production et, *in fine*, la pollution qu'il crée. L'intervention *via* des instruments économiques vise ainsi à restaurer « à la marge » la « vérité des prix », à laquelle nous avons fait allusion plus haut et que le seul marché, même généralisé, ne peut ici faire émerger.

Le choix entre ces instruments est déterminé soit par des considérations financières étrangères à l'analyse faite jusqu'ici, soit en regard des problèmes d'information sur lesquels l'attention a été portée. Ainsi, dans l'incertitude des conséquences qu'aura une action menée *via* le système de prix, un quota réglementaire fixera des limites strictes d'émission d'un polluant dont la dangerosité est à effet de seuil ; au contraire, si le coût social d'une pollution est évalué de façon fiable, une taxe transmettra aux entreprises le signal convenable de l'effort auquel elles doivent consentir.

Les ambiguïtés de la concrétisation de l'équilibre

Revenons sur les mérites de la coordination par les prix émergeant à l'équilibre du marché stylisé. Nous reprendrons deux questions déjà évoquées : quid des prix si le système des prix d'équilibre n'est pas unique ? Et sinon comment émerge l'équilibre ?

La première question n'est évoquée que pour mémoire. La théorie met en exergue la possibilité de multiplicité, donc de plusieurs modes de compatibilité des actions des agents économiques Cette possibilité, sans doute contre-intuitive, n'est pas sans conséquence. Par exemple, un système à équilibre multiple est susceptible d'être soumis à des discontinuités lourdes puisque les modifications des paramètres exogènes peuvent conduire à des discontinuités de grande échelle inévitables – des catastrophes au sens de René Thom. Qu'il n'y ait pas d'exemples historiques relevant clairement de cette problématique ne permet pas d'en récuser la possibilité…

Seconde question critique de portée plus immédiatement visible : l'équilibre lui-même n'est pas une donnée mais le produit d'interactions complexes ; qu'il existe mathématiquement ne veut pas dire qu'il tombe du ciel : intuitivement il devrait résulter de l'application des forces qui s'expriment sur les marchés élémentaires où les prix répondent aux déséquilibres entre offre et demande. Mais les forces du marché, quelle que soit la manière dont on les définit, conduisent-elles inéluctablement à l'équilibre ?

La question a divisé les économistes. Pour Jean-Baptiste Say et les classiques, la réponse irait de soi puisque « l'offre crée sa propre demande ». La réflexion de Léon Walras s'alimente en partie à son scepticisme vis-à-vis de l'argumentaire de Say : pour lui, il faut démontrer, et non seulement affirmer, que les forces du marché font émerger l'équilibre. Paul Samuelson a popularisé et traduit à sa manière l'idée de tâtonnement* que Léon Walras avait longuement introduite et discutée. Sur chaque marché, les participants réagiraient à un prix proposé par le commissaire-priseur en communiquant les transactions souhaitées à ce prix. Et les prix seraient modifiés selon le solde enregistré : à excès d'offre, baisse des prix ; à excès de demande, hausse des prix.

Le fait que les forces du marché ainsi définies conduisent à l'équilibre est théoriquement problématique. Mais la difficulté a une double face, face théorique que l'on vient d'évoquer, face politique économique dont l'enjeu n'est pas moindre. En témoigne par exemple un point majeur de désaccord entre Keynes et ses opposants dans la polémique sur les origines de la crise de 1929 : la réduction du chômage requiert-elle la baisse du salaire (c'est le sens des forces du marché) ou celle-ci sera-t-elle sans effet, comme le soutenait Keynes ?

Une des manières de prendre acte de cette difficulté est d'accepter l'échec des mécanismes d'équilibration, et d'admettre en conséquence une fixité des prix et des salaires hors de leur niveau d'équilibre. Cette explication, influente dans les années 1970, renvoie Keynes et ses adversaires dos à dos en distinguant chômage keynésien- où les prescriptions du premier et de ses successeurs seraient légitimes - et chômage classique - où elles seraient inopérantes. Mais d'où viendrait cette fixité temporaire supposée ? Une forme de rigidité des prix résulte de la fixation des prix par les entreprises, à intervalles aléatoires, autour de leur bon niveau : c'est l'hypothèse explicite des modèles macro-économiques dits « keynésiens nouveaux » dont l'influence dans la modélisation macroéconomique a cru autour des années 2000. Mais l'explication, qui capture une part de vérité, renvoie la décision des entreprises à la prévision des décisions futures, lesquelles sont censées être correctement prévues. Les difficultés sont donc supposées résolues pour partie dans l'esprit des participants, une hypothèse qui relève semble-t-il du *deus ex machina*, et qui sera pleinement abordée dans le chapitre suivant.

Notes :

1. On souligne ici une situation de spécialisation efficace et une autre de spécialisation inefficace. Le « théorème de Ricardo » ne dit pas que la spécialisation est la seule situation « efficace » mais, dans le

contexte très simple suggéré ici, que toute situation efficace implique que l'un des pays soit entièrement spécialisé. Il faut bien évidemment se garder de conclusions hâtives de politique économique.

2. Le diagramme de Pareto-Edgeworth, cher à tous les manuels de microéconomie, permet d'en développer l'intuition.

3. Il en deviendra président.

4. Voir l'ouvrage de Lévy-Lambert dans la bibliographie.

5. Plus précisément, deux lectures concomitantes de la cette difficulté sont possibles : celle qui vient d'être énoncée, la donnée du prix seul ne permet pas de déterminer l'échelle de la production des entreprises à rendements croissants qui égalise prix et coût marginal. Autre face du même problème En dehors de celle qui vient d'être faite (la donnée du prix seul ne permet pas de déterminer l'échelle de la production des entreprises à rendements croissants qui égalise prix et coût marginal), une autre lecture de cette difficulté est possible : l'hypothèse faite dans le cadre de l'équilibre généralisé de Walras, à savoir que ces entreprises « subissent les prix », ou bien n'est pas tenable, ou bien conduit à proposer des niveaux de production nécessairement incompatibles avec l'apurement des marchés.

Du marché stylisé au(x) marché(s) réel(s)

Nous sommes jusqu'à maintenant appuyés sur une vision stylisée des marchés qui emprunte à la tradition walrassienne, et ce même si nous avons toujours gardé un point de vue critique (comme, exemple parmi beaucoup d'autres, dans le dernier alinéa consacré à la concrétisation de l'équilibre). Cette vision stylisée nous fournit des outils indispensables pour penser les marchés réels. Il nous faut cependant revenir plus systématiquement ici sur les questions que soulève la stylisation et comprendre, pour le corriger, le biais qu'elle introduit.

Le temps et l'incertitude sont les premiers points d'application de la réflexion. Celle-ci se poursuivra avec un retour sur la stylisation des biens puis par un bref rappel des autres stylisations.

Le marché généralisé, le temps et l'incertitude : la stylisation au risque de la caricature

Les discussions précédentes sur le marché généralisé prennent en compte la multiplicité des biens échangés et celle des acteurs, qu'ils soient agents finaux, consommateurs si l'on veut, ou entreprises. Elle renvoie à la complexité des interactions, mais laisse dans l'ombre leur temporalité. Ce parti-pris statique de l'analyse n'est pas nouveau ; la construction de la discipline économique au XIXe siècle s'est souvent faite en référence à un monde que l'on pourrait appeler « stationnaire », occultant la part de la dynamique économique. Bien entendu, l'hypothèse de stationnarité, même si elle est susceptible de nourrir la réflexion, est une vue de l'esprit que les faits ont démentie et continuent de démentir.

Notre première analyse laisse aussi dans l'ombre l'incertitude qui entoure l'activité économique et souvent semble la dominer. Pour s'en convaincre, il suffit de revenir à notre panoplie d'exemples initiaux. Les décisions d'investissement des grandes firmes automobiles, comme de toutes les entreprises, reposent sur l'image qu'elles se font de leur marché, mais aussi du niveau général d'activité, et donc du pouvoir d'achat dans l'avenir. Les « traders » sur les marchés financiers sont un exemple extrême d'une activité toute gouvernée par l'anticipation. Mais le fermier qui élève ses volailles ou ses porcs ne peut l'ignorer : les variations cycliques du prix du porc, le fameux « cycle du porc » étaient autrefois là pour lui rappeler, si besoin était, l'importance de la prévision pour la décision. La décision d'épargne repose évidemment sur l'anticipation et pose des problèmes particulièrement significatifs : en décidant d'épargner, c'est à dire de reporter à demain une consommation, un ménage ne transmet aux entreprises aucune indication sur la consommation future qu'il substituera à la consommation présente à laquelle il renonce. Le marché de l'épargne et de l'investissement dont l'équilibrage va restaurer la possibilité que « l'offre crée sa propre demande », reflète des décisions des ménages-prêteurs et des entreprises-emprunteuses (puisque telle est en moyenne la situation) qui sollicitent une évaluation attentive de l'avenir.

Comment prendre le temps et l'incertitude pour enrichir la description stylisée du marché qui vient d'être esquissée ?

Poussant à bout l'apologue de l'échange marchand, on pourrait imaginer que le marché généralisé prenne place au début des temps. Seraient réglés *ex ante*, essentiellement autour d'engagements contractuels conditionnels aux déploiements du temps et à la révélation progressive de l'incertitude, tous les problèmes de production ou de consommation à venir. Coexisteraient ainsi initialement un nombre considérable de « marchés à terme », prévoyant la délivrance de biens à des dates éventuellement lointaines, et de marchés dits « contingents », conditionnant l'exécution des contrats à la constatation de la réalisation d'aléas.

Bien entendu, l'épure du marché ainsi esquissée dans laquelle les marchés seraient comme on dit « complets », est largement irréaliste. Il existe certes des marchés à terme pour un certain nombre de produits (les matières premières par exemple), mais pour des échéances qui ne sont pas quelconques et le plus souvent rapprochées. De la même façon, les marchés analogues aux marchés contingents dont on vient d'esquisser la définition sont extrêmement rares. Les marchés réels font coexister à chaque période ce que l'on appelle des marchés « au comptant », en particulier pour les biens et services disponibles à cette période, et des marchés financiers « à terme » qui permettent de transférer de la richesse entre périodes. La mise en œuvre de la séquence de marchés au comptant coexistant à chaque période avec des marchés financiers déterminera l'allocation inter-temporelle des ressources. Quelle distance y a-t-il entre l'allocation des ressources dans le monde utopique des marchés à terme complets et celle issue d'échanges séquentiels ? La correspondance entre le marché généralisé atemporel et le marché généralisé inter-temporel dont on vient d'esquisser les institutions peut être clairement établie quand un certain nombre de conditions sont remplies. Il faut pour cela que, d'une part, les possibilités de transferts de richesse entre périodes et états de la nature, au travers des marchés financiers et des marchés d'assurance, soient suffisamment riches pour mimer ce qu'offrent les marchés à terme : dans ce cas, les marchés seraient non pas complets au sens précédent mais « essentiellement complets ». Il faut ensuite que les agents à chaque période aient une prévision fiable des prix de demain et d'après-demain, que ce soit sur les marchés au comptant ou sur les marchés financiers. Voici une condition forte, celle d'une prévision sinon parfaite, du moins non biaisée des conditions des marché futurs. Dans le vocabulaire consacré, les anticipations devraient être « rationnelles », comme l'imagine R. Lucas[1]. Vaste programme certes, mais qui souligne jusqu'à quel point l'analyse apparemment atemporelle proposée plus haut peut être étendue. Extension qui n'élude ni les difficultés de la mise en œuvre déjà évoquées (la compréhension de la logique des prix d'équilibre, des possibilités de multiplicité, et des difficultés de l'émergence des prix d'équilibres séquentiels n'est évidemment pas simplifiée) ni les mérites déjà soulignés de la solution (son efficacité au sens évoqué plus haut).

Stylisation des croyances : prix futurs et coordination sur l'avenir

L'anticipation, on vient de le rappeler, est une dimension essentielle de l'activité économique qui est occultée dans la version statique du marché généralisé de Walras et plus encore dans celle du marché isolé de Cournot-Dupuit. Les décisions des agents en situation reposent sur une analyse de la profitabilité qui dépend des conditions de marché présentes et donc des prix affichés mais aussi, le plus souvent, des conditions de marché futures et donc de niveaux d'activité et de prix anticipés.

On peut évidemment essayer de comprendre le monde en fixant les anticipations, c'est le point de vue des travaux relevant de « l'équilibre temporaire ». Mais le modèle du marché généralisé qui vient d'être exposé est légitimement plus ambitieux : il se donne comme objet l'explication des croyances – en langage technique, des anticipations – qui gouvernent les décisions. À cette fin, il fait l'hypothèse que l'avenir est en un certain sens prévisible, en termes techniques que les anticipations sont « rationnelles ». Prix d'aujourd'hui et de demain devraient donc alors émerger des séquences d'ajustements marchands, les premiers effectivement à chaque période, les seconds en quelque sorte virtuellement. La construction ressuscite une sorte de marché en gloire susceptible de faire émerger les prix vrais d'aujourd'hui et une image probabiliste des prix vrais de demain. Substituts des signaux fournis par les marchés complets du modèle atemporel, les prix et les prix anticipés fournissent une image à long terme de la déformation du système de prix, assurant ainsi l'autorégulation du futur de l'économie, celle qui prévient par exemple les « crises de réalisations » des prophéties catastrophistes. Le marché stylisé est au Capitole mais, comme on le sait, la Roche Tarpéienne est voisine. Si, comme on l'a souligné dans les pages précédentes, les forces du marché peinent à faire émerger les bons signaux-prix d'aujourd'hui, quelles forces vont faire émerger les bons signaux-prix pour aujourd'hui et demain ? La discussion sur l'émergence de l'équilibre qui préoccupait Walras a donc une dimension que ne capture pas le point de vue statique. Sauf à supposer, comme l'a cru une partie de la profession des économistes dans les années 1970 que « l'hypothèse d'anticipations rationnelles n'est que l'extension de l'hypothèse de rationalité aux anticipations », belle formule mais fausse : il est rationnel d'avoir des anticipations rationnelles seulement quand les autres ont des anticipations rationnelles. L'hypothèse signale un point focal de coordination, aucunement une issue obligée.

La discussion mériterait d'être approfondie : la capacité de coordination des agents économiques sur les variables de l'avenir pertinentes pour leurs décisions présentes est un vaste problème. L'émergence d'une image d'un avenir partagé, d'une convention dirait on dans le langage du courant de pensée de la régulation, est plus ou moins plausible selon le cas. Mais au cas où elle émergerait, la validité d'une telle image partagée, caractéristique remarquable de l'équilibre du marché inter-temporel généralisé, est sujette à caution. L'argumentaire que fournit le savoir économique est, disons, modérément convaincant.

La discussion, fût-elle trop brève, met en exergue une fragilité du marché. Sa capacité à coordonner les plans des agents économiques de façon souvent remarquable est plaidable dans le temps court, mais s'étend très imparfaitement au temps long. Il s'agit, si l'on veut, d'une autre défaillance de marché, même si, formellement, la difficulté à laquelle elle renvoie n'est pas répertoriée dans la catégorie qui porte ce nom. À l'arrière-plan de la difficulté se cachent les crises, les instabilités financières dont nous reparlerons longuement.

Les stylisations du marché généralisé, suite : le bien stylisé

Tout effort de maîtrise intellectuel d'un système complexe, comme l'est une économie de marché, suppose une stylisation considérable. Il s'agit, comme le dit Paul Valéry, de trouver « des figures, réduites à leurs propriétés utiles ». Tout effort de réflexion doit cependant prendre conscience de ses limites, s'interroger sur le bien-fondé de ses simplifications et remettre constamment sur le métier ses méthodes et ses outils. La stylisation du marché sans friction, qu'il s'agisse du marché isolé de Cournot-Dupuit ou du marché généralisé de Walras, tombe sous le coup d'un certain nombre d'objections qui portent sur la stylisation des biens, sur la stylisation des comportements, enfin sur la stylisation des ajustements et celle des temporalités. En présentant un échantillon de chacune de ces catégories d'objections, nous rhabillerons peu à peu le squelette du marché stylisé avec la « chair » des marchés réels que nous avons initialement observés.

Le bien économique de notre marché isolé a implicitement des caractéristiques qui sont bien définies et parfaitement connues des protagonistes.

Il existe souvent sur les marchés réels une asymétrie entre l'information dont dispose l'acheteur et celle dont dispose le vendeur. Par exemple, l'acheteur d'une vieille voiture, un vieux clou, un « rossignol » (*lemon*, disent les Américains), possède en général beaucoup moins d'informations que le vendeur sur la qualité du produit. Cette inégalité d'information peut conduire à un effondrement du marché. Les vendeurs informés ne présentent que des objets dont la valeur est inférieure au prix ; le sachant, les acheteurs renoncent.

C'est l'effet Akerloff, du nom de l'économiste associé au *market for lemons.* Son étude a été à l'origine de toute une réflexion sur les restrictions que les inégalités informationnelles apportent à l'efficacité des marchés. Le marché de l'assurance, qui a été évoqué au tout début de cet ouvrage, fournit une illustration complémentaire de la nature de la difficulté informationnelle dans l'identification d'un bien. Supposons que la population soit composée de deux catégories d'assurés potentiels qui diffèrent par une exposition au risque qui n'est pas observable : il y a d'un côté ceux que l'on peut appeler les « bons risques », les moins exposés, et de l'autre les « mauvais risques ». Dans quelle mesure un contrat qui spécifie un remboursement de montant prédéterminé en cas d'accident peut-il être assimilé à la définition d'une transaction sur ce que l'on appelait un bien ? Il y a bien un prix associé, c'est la prime, mais la rentabilité du contrat pour la compagnie d'assurances dépend de la composition de la population qui l'adopte : si le contrat attire seulement les bons risques, il sera beaucoup plus profitable que s'il attire les mauvais. Voilà donc le support d'un bien étrange dont la profitabilité dépend de l'identité de ceux qui le consomment !

Un phénomène identique se produit sur le marché du crédit, des fonds prêtables, sur lequel une augmentation du taux d'intérêt modifie la composition des projets demandeurs en accroissant la proportion des projets risqués. Le taux d'intérêt d'équilibre à la fois égalise l'offre et la demande de fonds et sélectionne les risques financés.

Beaucoup de progrès, dans le cadre de ce que l'on appelle parfois la « théorie de l'agence », ont été faits sur ces questions après les années 1970[2].

Le marché du travail nous met aussi en présence d'un bien économique doté de caractéristiques très particulières par rapport au bien standard. Indiquons seulement ici que l'analyse du contrat de travail, des carrières au sein d'une organisation donne une place considérable à l'information mutuelle que la relation entre l'employeur et l'employé engendre ou sollicite, c'est-à-dire à nouveau à la dimension informationnelle de l'échange !

Dans un autre chapitre de la réflexion, la dispersion des activités dans un espace géographique conduit à mettre l'accent sur la localisation des biens, d'une manière dont rendent mal compte les modèles stylisés que nous avons privilégiés. Le reconnaître fait entrer dans une économie géographique qui met l'accent sur les spécificités des relations économiques spatialisées.

Retour sur les autres stylisations

Mentionnons deux stylisations des modèles de marché d'inspiration walrassienne qui mériteraient plus ample discussion mais qui, d'une manière ou d'une autre, seront discutées dans la suite. D'abord, le savoir technique sur les possibilités de production est figé : le progrès technique n'est pas exclu, mais il est vu comme tombant du ciel, et non pas comme produit, issu de l'activité d'innovation. Nous y reviendrons dans la section consacrée à l'innovation. Ensuite, le monde du marché stylisé est peuplé d'agents finaux, les consommateurs, qui sont rationnels. L'*homo oeconomicus* est une variante très typée de l'homme social, nous y reviendrons dans le chapitre consacré à marché et société.

À cette stylisation du comportement des agents finaux vient s'ajouter la stylisation des comportements des entreprises. La tradition issue de Walras ignore le pouvoir de marché que la taille d'un agent économique lui procure. Elle analyse la concurrence parfaite et non la concurrence oligopolistique, celle qui s'exerce entre un petit nombre de producteurs et qui laisse à chacun un « pouvoir de marché ». Elle néglige donc la marge, le *mark up*, comme disent les Anglo-Saxons, que la position de l'entreprise lui permet d'introduire entre son coût de production (rémunération du capital incluse) et son prix. L'erreur est parfois négligeable ; par exemple, sur les marchés de consommation de masse, comme le marché de l'automobile évoqué au début de cet ouvrage, la tarification oligopolistique conduit à préférer des marges faibles sur de larges quantités à des marges élevées sur de faibles quantités. L'on ne saurait pour autant négliger la concurrence oligopolistique et, par exemple, la théorie récente du commerce international explique justement le développement du commerce intrabranches entre pays développés par la logique oligopolistique de la différenciation des produits.

Il convient aussi de revenir sur la stylisation des mécanismes d'ajustement dont on vient d'évoquer les enjeux. Comme on l'a dit, Walras faisait l'hypothèse que les prix sur chaque marché obéissaient aux lois de l'offre et de la demande mais qu'un commissaire priseur en gérait les mouvements et ne finalisait son verdict qu'au moment où l'équilibre général était atteint. Peu de marchés fonctionnent selon ce principe, à l'exception, au moins dans certaines limites, de certains marchés financiers comme le marché boursier. Sur la plupart, point de commissaire-priseur. Les prix résultent soit de la décision des vendeurs, qui, bien sûr, les fixent en fonction de la concurrence – c'est le cas par exemple du marché de l'automobile présenté plus haut. Leur détermination peut aussi relever d'une logique de marchandage séquentiel – vendeurs ou acheteurs reçoivent ou font des offres qui sont réitérées et qui peuvent à chaque instant être acceptées ou refusées Pas de tâtonnement ici. C'est clairement de ce modèle de marchandage que relève le marché de volailles évoqué au début de ce livre. Le marché du travail dont on vient de parler présente également des processus d'ajustement très spécifiques : au face à face entre employeur et employé, dont la rencontre s'inscrit dans une logique de prospection séquentielle, il faut superposer le face à face entre syndicats ouvriers et patronaux, au niveau de la branche, de la région et de la nation.

Le retour sur la stylisation des mécanismes d'ajustements des prix sur les marchés courants appelle le retour sur la stylisation des croyances sur les prix futurs, et plus généralement sur l'avenir. La réflexion sur les mécanismes d'ajustement et celle sur la formation des croyances sont deux faces d'un même problème, celui de la bonne coordination des décisions économiques.

Notes :

1. Prix Nobel 1998

2. Le retour sur la stylisation nous conduit à un premier retour sur la qualité des signaux prix issus des marchés. Par exemple, la gestion optimale du risque, qui affecte les procédés technologiques mais aussi les goûts futurs des consommateurs, est un problème complexe. La vision très stylisée du risque que nous avions d'abord adoptée nous faisait mettre l'accent sur un système de « signaux-prix » (des prix « contingents » selon le vocabulaire de la théorie) plus complexe que les prix qui émergent des marchés réels. En l'absence de signaux suffisamment riches, et ce quelle qu'en soit la raison (ambiguïté du modèle stylisé ou ambiguïté de la stylisation), l'initiative privée d'offre d'assurances, particulièrement lorsque les risques sont, comme le dit Maurice Allais, « globalement inéliminables », sera insuffisante. Donc, de façon très générale, le retour sur les stylisations du modèle initial conduit à réévaluer la qualité des signaux-prix : réévaluation plus ou moins difficile selon les cas mais qui appelle la prudence. Mais l'exercice n'appelle une intervention publique sur le système de prix, comme dans le cas de défaillance de marché, qu'au cas où il mettrait en évidence un biais systématique !

Deuxième partie

Entre marché idéalisé et marché diabolisé

La mise en place au XXe siècle en Union soviétique d'un système économique qui, sur certains points essentiels, rompait avec les principes antérieurs de l'organisation marchande, puis l'extension de ce système à l'Europe de l'Est et à la Chine ont exacerbé les oppositions sur les vertus comparées des systèmes en compétition. La polémique sur les mérites et insuffisances de l'économie de marché se situait d'abord au XIXe siècle sur le plan intellectuel, même si elle avait des enjeux politiques. Au XXe siècle, même si le débat intellectuel est resté présent en filigrane, la controverse s'est résolument déplacée sur le terrain politique. L'effondrement du communisme à partir des années 1980 dépouille le débat de ses aspects les plus brûlants, il ne le rend aucunement inutile. Tout au contraire, si le marché est l'horizon (provisoirement ?) indépassable de notre organisation économique, il importe plus que jamais d'en connaître les lois, d'en évaluer les forces, afin d'en bénéficier, et les faiblesses, afin d'y remédier.

L'économie, écrivait Walras, est « comme la mécanique »... Cette affirmation qui choquait en son temps reste provocatrice aujourd'hui. Pourtant, faute de comprendre cette mécanique, – ou, si l'on préfère, ces mécanismes –, on est condamné à l'apprendre dans la dure réalité des faits : les facilités intellectuelles des années 1970, et un certain cabotinage qui allait avec une critique superficielle du capitalisme n'était pas pour le meilleur moyen de se préparer à la gestion ou à la transformation de l'économie, sauf à faire l'hypothèse, clairement absurde, qu'un système nouveau ferait table rase de toutes les contraintes économiques de marché. Peut-on parler de « lois » de l'économie de marché ? On peut comprendre la réticence sémantique : les « lois » du marché, sa mécanique ou simplement ses mécanismes n'ont évidemment pas le statut des lois physiques, mais leurs déterminations sont parfois implacables.

C'est en se référant à ces lois au sens large, qu'on a mises en exergue dans la première partie, mais aussi en revenant à l'expérience historique que nous réexaminerons d'abord quatre grands thèmes du débat permanent que suscitent l'évaluation des mérites ou la dénonciation des tares du marché : l'allocation des ressources et la concurrence, la distribution du revenu et les inégalités, la stabilisation*, l'innovation et la croissance.

Marché, allocation des ressources et concurrence

Les prix issus du marché permettent-ils un fonctionnement efficace du système économique et conduisent-ils à une bonne allocation des ressources entre les secteurs et entre les agents économiques ? La théorie, on l'a vu, après avoir pris la mesure, à l'époque postclassique de la richesse potentielle des options techniques, a souligné l'importance de la coordination par les prix. Plus récemment, elle a d'une part mis l'accent sur les contraintes considérables que fait peser sur toute action publique l'extraction de l'information nécessaire et d'autre part développé considérablement l'analyse de la concurrence.

Reprenons maintenant ces questions à la lumière des faits. L'expérience de la planification de type soviétique nous apportera sur ce plan des matériaux de première valeur.

Leçons de l'expérience soviétique

L'observation a ici clairement rejoint la réflexion. S'il y a une leçon claire à tirer de l'expérience soviétique de planification, c'est bien l'échec à substituer la commande centralisée aux mécanismes de prix dans l'organisation de la production. L'expérience soviétique a montré ses limites dans trois domaines au moins.

Tout d'abord, elle a échoué à assurer une simple compatibilité entre les plans des unités de production : l'adéquation entre les objectifs de production assignés à chaque entreprise et les moyens provenant des autres entreprises, nécessaires à la mise en œuvre de ces objectifs, n'était réalisée que sur le papier. De fait, la propagation des goulets d'étranglement au travers du système soumettait la production à des pénuries chroniques et cumulatives.

Dans ce registre, et dans d'autres voisins, le florilège des absurdités auxquelles la bureaucratie du Gosplan a conduit est particulièrement fourni. Citons seulement l'histoire célèbre des clous : l'objectif assigné à une entreprise était la fabrication d'un nombre donné de clous ; les clous fabriqués étaient très petits. En réaction, le Plan fixa alors un tonnage à atteindre. Les clous devinrent très gros ! La désorganisation des flux productifs a souligné un mérite du marché que seuls ses zélateurs les plus ardents comme Von Mises avaient opposé dans les années 1920 à l'utopie planificatrice, tant il semblait aller de soi que la planification avait la capacité d'assurer l'organisation élémentaire de la production.

Au gaspillage visible que constitue l'inadéquation des objectifs et des moyens de production, que l'on vient d'illustrer, il faut ajouter la part invisible, plus difficilement appréhendable, mais de toute évidence considérable. Ce gaspillage est par nature mal compris, puisqu'il tient non à des pénuries au niveau de l'entreprise, mais à un choix inadapté de techniques, à une mauvaise allocation des ressources entre les entreprises ou entre les secteurs. Sont en cause ici les déficiences des calculs du Gosplan. Pour y remédier, des réformes tentèrent d'encourager les entreprises à adopter une forme de calcul économique. Mais, on le sait, un calcul cohérent repose sur une imputation correcte des coûts de l'utilisation des ressources prélevées ou, au contraire, ajoutées. Et en dépit des efforts réalisés à l'échelon central pour le rationaliser, le système de prix administrés fut toujours, de l'avis même des observateurs les mieux disposés, comme Charles Bettelheim, tout à fait incohérent et donc impropre à fonder le calcul économique et *a fortiori* l'autonomie de gestion.

L'évaluation des rationnements des biens de consommation relève d'une analyse quelque peu différente. Leurs prix, généralement inférieurs à ceux qui auraient apuré les marchés, engendraient des déséquilibres systématiques, mais abaissaient les coûts du panier de la ménagère. La procédure n'est pas en soi inconnue des économies de marché, où les objectifs de redistribution légitiment parfois l'utilisation de procédures de rationnement, mais elle y reste exceptionnelle, tant il est vrai qu'elle doit s'appuyer sur une analyse économique détaillée des coûts et avantages. Au contraire, la queue dans les magasins de Moscou, par exemple, n'était pas un phénomène rare mais le mécanisme habituel par lequel un rationnement généralisé s'opérait.

Un troisième échec de la planification soviétique a été son incapacité à mobiliser les gisements de productivité à l'intérieur de l'entreprise. Il s'agit là, dans les catégories des économistes, d'un problème d'incitation et non de coordination. L'incitation, qui repose sur la possibilité de mise en place d'une rémunération motivante, ne requiert pas dans son principe le recours au marché. Les substituts envisagés se sont pourtant révélés d'un emploi délicat et d'une efficacité limitée. Ainsi, la mise en place de « bonus » destinés à encourager le dépassement des objectifs planifiés, les quotas, a eu des effets médiocres, les entreprises anticipant qu'un dépassement des objectifs aujourd'hui se traduirait par un accroissement des quotas imposés demain : c'est le célèbre « effet de cliquet ». La faible ardeur au travail dans les kolkhozes, ces fermes d'État, a souvent été opposée à l'activité des paysans sur les petits lopins individuels dont l'exploitation restait libre. Et les performances des « stakhanovistes » n'impressionnaient, semble-t-il, que fort peu le visiteur occidental. La question des vertus respectives du marché et du plan dans la stimulation de l'effort individuel pouvait susciter une certaine perplexité théorique. Le verdict empirique donna un avantage spectaculaire et sans appel au marché…

Un quatrième échec n'est que mentionné ici, il concerne l'innovation et sera réexaminé dans un paragraphe suivant.

Ces remarques doivent être mises en perspective.

D'une part, l'économie soviétique n'a pas connu que des échecs, loin de là. Les handicaps soulignés ici furent plus que compensés par les moyens offerts à une action volontaire dans la phase de décollage, au moment de la construction d'une industrie lourde puissante ou dans le contexte d'une économie de guerre. Ils sont devenus rédhibitoires lorsqu'il a fallu, dans une phase ultérieure, reconvertir l'économie pour la satisfaction des besoins de la consommation de masse.

D'autre part, les difficultés présentées ici ont un aspect statique. Elles ont une contrepartie sur la dynamique de l'économie, sur sa capacité à innover (sur laquelle on reviendra), sur son aptitude à sélectionner les dirigeants et les entreprises performants et, sans doute, mais ce n'est pas notre sujet, sur toute la dynamique sociale.

Le marché comme algorithme et comme boussole : les prix sont-ils vrais ? Les anticipations sont-elles vraiment rationnelles ?

Le marché constitue un système apte à créer des incitations puissantes ; ce point est généralement bien perçu et les leçons de l'expérience soviétique n'y sont pas étrangères. Mais cette vertu va de pair avec une autre, plus mal comprise du public, et ce, malgré le caractère éloquent de l'expérience des économies de l'Est. Le marché est un puissant instrument de calcul, à la fois ordinateur, logiciel et algorithme aux performances inégalées, apte à faire émerger un système de signaux qui crée de l'ordre et produit de l'efficacité dans les décisions individuelles des agents économiques. Est-ce à dire que c'est un algorithme parfait ? Idéalement, on l'a dit et répété, les signaux prix devraient être tels que ce qui est le moins cher pour une entreprise ou un consommateur soit aussi le moins cher pour la collectivité.

Nombreuses sont les raisons de penser, on l'a dit et on peut le souligner à nouveau, que cet idéal théorique est loin d'être réalisé. D'une part, le système de prix reflète des décisions passées qui ont une part d'arbitraire ; par exemple, il dépend des limites assignées au secteur marchand (en raison de l'éventuelle gratuité des prestations du secteur non marchand). D'autre part, les multiples « externalités », comme disent les économistes, apparaissant dans le système (qu'il s'agisse des externalités négatives, telle la pollution discutée plus haut, ou d'externalités positives, tel le progrès technique qu'on évoquera plus loin) sont mal ou pas du tout reflétées (« internalisées », dit le jargon technique) par les prix. Enfin, c'est le point que nous avons longuement discuté à la fin du chapitre précédent, la distance entre le marché stylisé et les marchés réels accuse les distorsions et biais éventuels entre prix et « valeurs sociales », biais dont l'évaluation est un axe de réflexion ouvert de la théorie moderne.

Malgré les multiples biais qu'introduit l'écart entre le marché stylisé et le marché réel, les résultats du gigantesque travail algorithmique du marché sont cependant incontournables. Car, de deux choses l'une, ou notre esprit infirme, nos moyens de calcul insuffisants nous rendent incapables de détecter les entorses à la « vérité des prix », et le recours aux enseignements du marché constitue un moindre mal, ou nous sommes capables de cet effort et la meilleure solution n'est sans doute pas de rejeter le système de prix mais de l'amender. C'est ce que vise à faire, par exemple dans le cas de l'environnement, une fiscalité adéquate qui fasse « payer les pollueurs ». Les instruments économiques modifient l'incitation financière, et en particulier l'incitation financière, « à la marge », que déterminent les seuls prix.

Le talon d'Achille des mécanismes de prix n'est donc pas dans ses imperfections. Il tient dans le fait qu'il ne fournit des signaux non ambigus que sur le court terme. Au-delà, comme on l'a déjà souligné, et si l'on fait exception de quelques marchés à terme* sur les produits de base, le calcul économique des entreprises ou des ménages est fondé, non sur des conditions bien définies portant sur des marchés existants, mais sur des anticipations des conditions futures des marchés (prix, quantités...). Le marché est une boussole incertaine pour toutes les décisions qui reposent sur l'anticipation. La décision d'investissement en est l'archétype. Qu'il s'agisse d'un investissement de modernisation (pour introduire un équipement plus performant), d'un investissement de capacité (destiné à accroître l'offre de l'entreprise) ou de toute catégorie intermédiaire, l'étude de sa rentabilité met en regard son coût et son rendement. Le premier, synthétisé dans ce que les économistes appellent le « coût d'usage du capital », reflète les conditions présentes des marchés financiers, mais aussi certaines prévisions sur l'évolution de la fiscalité, du taux d'inflation. Le rendement, lui, dépend essentiellement de l'évolution générale du revenu et des évolutions spécifiques de la demande sur le marché de l'entreprise.

Les vertus qu'a incontestablement le marché dans la coordination des décisions économiques ne gardent leur force, on l'a dit, dans le moyen et le long terme que si les anticipations des agents sont « rationnelles », au sens que Robert Lucas donne à ce terme. Pierre Massé, commissaire au Plan pendant l'âge d'or de la planification à la française, mettait en doute l'émergence spontanée d'anticipations rationnelles* et assignait à la planification indicative le rôle de pallier les défaillances des mécanismes spontanés de coordination des anticipations. Dans le secteur public, le Plan définissait les grands programmes, mais leur exécution comme leur conception étaient passées au crible d'un calcul économique cohérent qui affichait un taux d'actualisation national, c'est-à-dire un prix « fictif » du capital, différant le plus souvent des taux d'intérêt du marché. Pour le secteur privé, la planification était « indicative ». Elle visait à obtenir par la concertation et l'étude une image de l'avenir suffisamment optimiste pour être souhaitable et suffisamment crédible pour déclencher les actions qui engendreraient sa propre réalisation. L'échec de la planification à la française dans les années 1970 relève d'un diagnostic compliqué. Il ne signale pas seulement une obsolescence progressive de l'analyse de ses penseurs, mais aussi, pour une large part, l'inadéquation croissante du cadre national pour résoudre les problèmes de coordination, pour faire jouer au Plan son rôle de « réducteur d'incertitudes » ou de d'« études de marché généralisées ».

Les marchés financiers : de leurs vertus et de leurs vices

Passées les années 1970, l'utopie d'une planification nationale s'estompe. Les paris sur l'avenir qui sont constitutifs de l'activité économique vont s'exercer dans un monde plus ouvert. La coordination sur un avenir commun, si possible optimiste, va sortir du giron des missions du Plan Français, le condamnant ainsi au repli. Comme partout ailleurs dans le monde, l'intermédiation entre les projets d'investissements et les plans d'épargne va de plus en plus reposer sur le système financier, un système financier qui, les mouvements vont de pair après la fin de Bretton-Woods (1972), s'internationalise et se libéralise. L'internationalisation des marchés financiers est pour partie un corollaire de l'internationalisation des marchés de biens et de l'essor des entreprises multinationales. Le mouvement pousse aussi à la libéralisation, même si celle-ci s'alimente à d'autres sources. Le marché a le vent en poupe. Pour une bonne allocation du capital, quoi de mieux que plus d'espace pour le marché ? La mondialisation financière va accompagner la mondialisation marchande et, au nom de la concurrence, met en cause la réglementation qui l'entrave. Exit donc la séparation des banques de dépôt et des banques d'affaires, instaurée en 1935 par le Glass-Steagall Act américain. Parallèlement, les produits financiers vont se multiplier et se sophistiquer.

Multiplication et sophistication répondent pour partie au besoin de limiter l'incertitude sur les transactions futures : il ne s'agit pas tant d'espérer une meilleure prévision, objectif devenu intenable de la coordination du Plan à la Française, mais de mettre en place des garde-fous contre les erreurs de prévision. Par exemple, un marché à terme où l'on vend ou achète aujourd'hui un produit financier ou réel annule, sinon toute incertitude, du moins l'incertitude sur le prix futur ; un marché d'option qui assure l'achat ou la vente à un prix d'exercice permet de s'assurer contre une volatilité trop importante des prix du « sous-jacent », la titrisation, dont on a beaucoup parlé au moment de la crise des *subprime*, qui consiste à découper en tranches les créances et à les mixer, vise à mieux répartir les risques entre des participants plus nombreux.

Le savoir économique est sollicité en l'occurrence : la multiplication des produits vise à rapprocher les marchés réels des marchés complets ou essentiellement complets des modèles du marché stylisé généralisé.

Mais l'argumentaire fait fi des réserves de l'analyse plus attentive que nous avons esquissée. Et si les innovations d'un genre ou d'un autre affectaient négativement non seulement la transparence – comme elles le font bien évidemment –, mais aussi, et plus fondamentalement la prédictabilité du système, condition essentielle de son bon fonctionnement ? Et si, tous comptes faits, elles détérioraient significativement sa performance ? Impossible si les agents ont des anticipations rationnelles, mais possible sinon…

Une autre référence théorique, elle aussi étroitement liée à la vision optimiste de la coordination portée par l'hypothèse d'anticipations rationnelles, allait nourrir les débordements d'imagination des acteurs du système financier : c'est l'hypothèse d'efficacité informationnelle des marchés. La qualité de l'information transmise par les prix des produits financiers sur leur qualité serait sans égale. La preuve : sauf cas particulier, délit d'initié par exemple, on ne pourrait « battre le marché ». L'argumentaire s'appuie là sur des modélisations particulières et non sur la vision synthétique du marché stylisé esquissée ici. Même s'il y a du vrai dans le fait qu'il est difficile de battre le marché, cette difficulté peut aussi bien signaler le mauvais fonctionnement dudit marché, et par exemple la mauvaise coordination des croyances qu'il induit, qu'au contraire son bon fonctionnement et la qualité des anticipations qu'il engendrerait.

Extension mondiale du marché, multiplication des produits, multiplication des intervenants et déréglementation : le système financier international a ainsi subi des métamorphoses considérables dans toutes ces directions au cours des quarante dernières années. L'éclatement de la bulle immobilière dite « des *subprime* » aux États-Unis, puis la crise générale de 2008 qui a suivi ont souligné que les mérites de ces mouvements, étaient fort loin d'être établis de façon convaincante et avaient été surestimés par leurs chantres imprudents.

Surprise ou retour de l'histoire ? L'histoire des bulles montre, si besoin était, que l'optimisme Panglossien sur le fonctionnement des marchés financiers est régulièrement mis à mal par les faits. La liste est longue, et la bulle des tulipes au XVIIe siècle, celle dite « des Mers du Sud » au siècle suivant sont, vues de près, plutôt dramatiques et, vues de loin, particulièrement pittoresques. Plus près de nous, une bulle boursière éclatera à Wall Street en octobre 1929 et déclenchera la crise. Éclatement de bulle ne signifie pas nécessairement crise générale, comme l'illustre, exemple parmi beaucoup d'autres, l'éclatement de la bulle Internet en 2000. Pourtant, à l'image de ce qui s'est passé en 1929, l'éclatement de la bulle des *subprime* a été le point de départ de la crise récente et toujours inachevée en 2012.

Quelle bonne organisation et quelle bonne réglementation pour les marchés financiers ? Il ne servirait à rien de jeter le bébé, le système financier, avec l'eau du bain, ses dérèglements. Les marchés financiers ne sont pas des panacées et ne constituent que de lointaines copies des marchés idéaux de la théorie pure. Mais faute d'analyse satisfaisante, le rôle des institutions et des politiques pour suppléer les insuffisances du marché est très imparfaitement compris. Il faut donc conjuguer amélioration du savoir, qui touche à des problèmes profonds de compréhension du marché et de sa prédictabilité, et volonté. Le sujet dépasse largement le sujet de cet ouvrage

Prix et concurrence

La concurrence sur le marché sans friction des théoriciens de l'équilibre général est « pure et parfaite ». Elle conduit à l'égalisation des prix et des coûts (les coûts dont il s'agit sont, pour des entreprises à rendements « décroissants* », les « coûts marginaux* »). La concurrence réelle opère comme une fusée à quatre étages.

L'étage supérieur est celui de la concurrence par les prix : chaque vendeur essaie de proposer des prix, ou plus généralement une combinaison contractuelle de prix et de quantités, qui soient attractifs compte tenu de ce que proposent ses rivaux. Ce phénomène pourrait conduire, si les produits mis sur le marché par chacun étaient identiques, et en dehors de toute collusion implicite ou explicite des producteurs, à l'égalisation des prix et des coûts, conformément à l'analyse de Joseph Bertrand, un physicien qui s'est intéressé à l'économie.

Cette tendance est cependant contrariée, et c'est le deuxième étage de notre fusée, par la différenciation des produits (les voitures proposées par deux marques différentes ne sont pas exactement identiques) qui laisse à l'entreprise un pouvoir de monopole résiduel parfois artificiellement entretenu par la publicité (qu'on pense aux marques de lessive !) ; et également, à nouveau, par la collusion explicite ou implicite entre les producteurs (un sujet sur lequel nous revenons bientôt).

Le troisième étage relève de ce que les économistes appellent la « concurrence à la Cournot », du nom de l'économiste français qui, après avoir « inventé » les courbes de demande, a proposé la première théorie de l'oligopole*. Cette concurrence s'exercerait, c'est du moins l'interprétation qui en est le plus souvent donnée aujourd'hui, non dans le court terme, comme avec la concurrence par les prix, mais dans le moyen terme, essentiellement au travers des choix de capacité des unités de production. L'investissement est une réponse à l'investissement des concurrents actuels. Mais il a aussi éventuellement une autre fonction stratégique, celle de dissuader les concurrents potentiels, pour qui les capacités mises en place après réalisation de l'investissement (une chaîne de montage de voitures par exemple) auront valeur de « fait accompli » (ici pour les autres constructeurs).

Le quatrième étage est la concurrence pour l'innovation ; nous sommes là au royaume de la recherche-développement. Centres de recherches, bureaux d'études concourent à la mise au point de procédés de fabrication plus performants, de nouveaux produits. Souvent protégée par un brevet, l'innovation pourra être introduite effectivement ou même, dans certains cas, jouer un rôle purement dissuasif (les brevets dormants). En tout état de cause, elle assure à l'entreprise innovatrice un avantage au moins temporaire sur ses rivales et donc engendre une rente. C'est dans ce processus continu de « création et destruction de rente » que le grand économiste autrichien exilé à Harvard Joseph Schumpeter voyait la source de la croissance. Pour Schumpeter, l'innovation était d'abord le fait des monopoles et ces organisations souvent décriées étaient selon lui, de par leur appétit de rente et leur puissance financière, les vecteurs indispensables du progrès technique. Il n'avait évidemment pas pu connaître la Silicon Valley, en Californie, dont le développement dans les années 1970 et 1980 a montré qu'un réseau serré de petites entreprises dynamiques constitue un terreau exceptionnellement favorable à la naissance d'innovations technologiques (informatique et, aujourd'hui, biotechnologies). C'est plutôt le développement ultérieur de ces innovations qui passe par le relais d'entités plus importantes plus aptes à assurer le financement et à assumer les aléas.

Concurrence par les prix et concurrence par les capacités affaiblissent le pouvoir de marché des oligopoles et engendrent une pression à la baisse des prix qui les rapproche des coûts et qui, par des mécanismes entièrement différents, va dans le sens décrit dans les modèles du marché sans friction. La concurrence par l'innovation contribue à la réalisation d'un objectif sensiblement différent, celui de l'abaissement structurel des coûts. Dans tous les cas, c'est la possibilité de « libre entrée » des concurrents sur le marché qui donne toute sa force à la concurrence, soit parce qu'elle amoindrit les bénéfices de la collusion au sein d'un oligopole, soit parce qu'elle menace une position de monopole technologique.

La concurrence est par nature objet de contradiction. La contradiction traverse chacun d'entre nous ; consommateurs, nous nous réjouissons de la baisse des prix qu'elle induit, de l'amélioration de la qualité dont nos associations tiennent un registre détaillé ; travailleurs, nous redoutons ses effets sur le marché du travail, dont elle règle paradoxalement les ajustements (en menaçant la part de la rente qui assure des rémunérations salariales supérieures à la moyenne), et ses effets sur l'emploi (puisqu'elle accélère les ajustements et les rotations, et donc accroît la menace sur la survie de l'entreprise). La contradiction a été au cœur des affrontements idéologiques entre marxistes et libéraux. Les premiers voyaient dans une « concurrence capitaliste » une redondance de moyens liée à une recherche exacerbée du profit ; les seconds la percevaient comme une fée bienveillante, source essentielle d'une efficacité dynamique opposée à l'efficacité statique des théories. Naturellement, ces différences de sensibilité n'ont pas disparu aujourd'hui et nous y reviendrons dans la troisième partie.

Concurrence et réglementation

La contradiction traverse aussi les politiques de réglementation de la concurrence. Ce fait s'explique en partie par la variété des dimensions de la concurrence, soulignée précédemment.

La réglementation de la concurrence par l'innovation est particulièrement délicate (faut-il par exemple interdire les brevets dormants ?) et l'on se contentera d'y faire cette allusion. La réglementation de la concurrence par les prix vise à éviter les ententes portant sur les prix ou sur les partages de marché. Hors les cas de collusion explicite, qui tombent clairement sous le coup des lois en vigueur, les frontières entre les comportements légitimes de recherche du profit et les comportements de « collusion implicite » sont conceptuellement et factuellement peu clairs. Le sujet a fait les délices et la fortune des juristes américains ; les juristes européens sont maintenant de plus en plus sollicités.

C'est dans le domaine dit du « monopole naturel » que la nécessité de la réglementation est apparue le plus clairement. Un bien ou un service donnent lieu à un monopole naturel lorsque leur production requiert un coût fixe, par exemple d'investissement, coût suffisamment important pour que celui qui l'a consenti se retrouve *de facto* en situation de monopole. Un exemple : avant de pouvoir transporter par train un seul voyageur de Paris à Lille, il faut construire une voie ferrée. L'entreprise qui a la propriété ou bien l'entière disposition de la ligne de chemin de fer se trouve *ex post* en position dominante : ses concurrents potentiels ne peuvent entrer sur le marché qu'en utilisant la ligne avec son accord ou qu'en construisant une autre ligne, ce qui est normalement trop onéreux pour être rentable ; elle est alors « naturellement » en situation de monopole. La notion de monopole naturel est évidemment une situation limite ; le monopole n'est jamais absolu et les situations les plus concurrentielles comportent une part au moins minime de monopole liée à la situation géographique, à la fidélité de la clientèle, conséquence de l'habitude et des coûts d'information.

Les économistes s'accordent cependant à reconnaître l'existence de monopole naturels dans les secteurs dans lesquels les coûts initiaux d'investissement sont particulièrement élevés, ce qui inclut une part notable des activités de transport – transport par voie ferrée, par route, mais aussi transport d'électricité ou transport d'informations par télécommunications. Le départ entre ce qui est monopole naturel et ce qui ne l'est pas est en tout état de cause délicat. Il n'est jamais intangible :

ainsi, le progrès technique dans les télécommunications y introduit aujourd'hui des possibilités de concurrence inexistantes jusque-là, qui, sans rendre caduque toute référence à la notion de monopole naturel, changent considérablement la donne (téléphonie mobile).

L'idée d'une intervention publique pour l'organisation des monopoles naturels est ancienne : les routes gallo-romaines étaient des produits de l'initiative publique et non de l'initiative privée ! Mais les modalités ont varié selon les secteurs, les époques et les pays. Comme y inclinait Walras, le chemin de fer a souvent été confié, dans la seconde partie du XXe siècle, à des entreprises nationales. Aux États-Unis, les *public utilities*, qui incluent l'électricité, ont (souvent) été soumises à des réglementations qui fixaient leurs prix en accordant au capital investi des taux de rendement conventionnels garantis. Mais ni la nationalisation ni la réglementation ne se réfèrent au seul critère du monopole naturel ; elles touchent davantage, toutes choses égales par ailleurs, les secteurs de base, ou ceux particulièrement sensibles pour l'indépendance des États : ce ne sont pas exclusivement – ni même peut-être essentiellement – les rendements croissants dans le transport d'électricité ou ceux moins significatifs dans la production qui, à eux seuls, ont justifié la nationalisation d'Électricité de France. Aujourd'hui, les choses changent. En Europe, une tendance à la privatisation, ou à la reprivatisation, se fait jour. Elle s'appuie sur une identification plus stricte de l'origine du monopole – le transport de l'électricité plutôt que sa production, l'infrastructure ferrée plutôt que l'acheminement des marchandises et des voyageurs. L'intégration verticale des entreprises, c'est-à-dire la mainmise qu'elles ont sur leur aval ou leur amont, a été remise en question. Les réformes allant en ce sens ont été, en France, parfois plus timides que chez nos voisins ; cependant, la création de Réseau Ferré de France (RFF), en amont de la SNCF, et de Réseau de Transport d'Electricité, en aval d'EDF, constituent des novations institutionnelles majeures.

Hors des cas de mise en place de règles particulières qui sont justifiées, au moins partiellement, par une position de monopole naturel, la réglementation des positions dominantes passe par ce que l'on appelle des « législations anti-trust » qui ont pour objectif d'empêcher la constitution de monopoles qui seraient cette fois « artificiels ». La construction la plus élaborée à cet égard est sans doute la législation anti-trust américaine. Elle repose sur une conception de la concurrence qui est aux antipodes de la vision de la compétitivité qui inspirait les politiques industrielles européennes des années 1970, et qui visait à faire émerger des groupes de taille européenne ou mondiale. À cette époque, Serge Kolm avait choqué beaucoup de lecteurs d'un grand journal du soir en déclarant que nombre des dispositions de la politique industrielle française tomberaient aux États-Unis sous le coup des lois anti-trusts ! Ce qui est aujourd'hui communément admis. À vrai dire, le vent a depuis lors quelque peu tourné. À la fin des années 1990, en France, le système judiciaire mettait en cause certaines des relations entre grands groupes privés ou publics que ladite politique industrielle avait favorisées. Et à Bruxelles, la jurisprudence de la Communauté européenne semble souvent s'aligner sur les conceptions américaines les plus intransigeantes, certains diraient « intégristes », de la concurrence ! Au même moment, outre-Atlantique, une certaine idée de la politique industrielle a cessé d'être taboue, et une politique volontariste de l'innovation est en place. Les fronts sont-ils en passe de se renverser ? Nous y reviendrons.

Marché, redistribution du revenu et assurance sociale

Le marché, on l'a rappelé, produit un gâteau tout découpé ; un jugement global sur les performances du marché doit associer une évaluation de la taille du gâteau – le point de vue de l'efficacité – et une évaluation de sa répartition – ce que les économistes appellent parfois, en raillant, sans toujours faire preuve de la prudence sémantique nécessaire, le vocabulaire mis à la mode par le philosophe John Rawls, son « équité ».

Les deux derniers paragraphes consacrés à l'allocation des ressources et à la concurrence relèvent pour l'essentiel du registre de l'efficacité ; il faut en venir maintenant au point de vue de l'équité.

Dans le modèle du marché généralisé, la taille et la répartition des revenus primaires sont déterminées par les forces du marché. Comment agissent-elles ? L'analyse et l'observation fournissent là aussi des indications concordantes mais qu'il est utile de séparer en distinguant l'équité « horizontale » de l'équité « verticale ».

Équité horizontale et verticale, la distribution du revenu primaire

Le marché est certainement un facteur d'équité horizontale dans la mesure où, tendanciellement, il traite également des agents économiques aux aptitudes identiques (cette égalité de traitement des égaux est la définition de l'équité horizontale). Il s'agit là d'une propriété profonde du marché, dont la théorie des jeux moderne a donné des formulations spectaculaires (les théorèmes d'équivalence cœur-équilibre concurrentiel*), mais d'une propriété du marché généralisé sans friction que les marchés réels transposent avec difficulté : en présentant sur le marché d'E... une volaille de même qualité que mon voisin, j'en recevrai le même prix, mais la même tâche à Paris ou à Bangkok ne reçoit pas le même salaire !

L'équité horizontale est particulièrement mise à mal par les inégalités de la naissance. La transmission de la fortune et du capital est un obstacle évident à l'équité horizontale à l'intérieur d'une génération, que celle-ci soit prise dans les frontières d'un pays ou entre pays ou continents différents. L'observation comme les travaux théoriques suggèrent que les legs intergénérationnels induisent une inégalité rémanente. De même, et peut-être plus encore, la transmission d'un patrimoine intellectuel et culturel conséquent, qui favorise l'acquisition de l'éducation, s'oppose à l'égalité des chances, le nom que prend dans ce contexte l'équité horizontale.

Qu'en est-il de l'équité verticale, celle qui s'exprime au travers des hiérarchies des rémunérations, de la dispersion des richesses et de la diversité du sentiment de bien-être, et sur laquelle les jugements que l'on peut porter relèvent de l'éthique personnelle ou collective ?

Il faut tout d'abord concentrer l'attention sur les revenus primaires, ceux qui résultent des effets directs des rémunérations sur le marché, c'est-à-dire en particulier des salaires et des taux d'intérêt. Dans le modèle du marché généralisé, la taille et la répartition du revenu primaire sont la résultante des forces du marché ; dans l'univers économique concret, ces forces sont transmises avec une certaine lenteur, amorties par l'hystérèse de la rente salariale, contenues par les procédures de négociation collective globale, qui uniformisent la tendance, ou de négociation locale, qui favorisent les *insiders*, ceux qui se trouvent à l'intérieur de l'entreprise. Ces forces sont aussi contrecarrées par l'accumulation de « capital humain », qui ajuste, par l'éducation ou par la formation sur le tas, les besoins des entreprises et la qualification de la main-d'œuvre.

Malgré tout, les indications de la réflexion et celles tirées de l'observation restent globalement compatibles. L'évolution sur une longue période des inégalités aux États-Unis, étudiée par Jeffrey Williamson, suggère que les variations du salaire du travail qualifié et non qualifié y jouent un rôle significatif. Elle reflète une sensibilité aux volumes de la main-d'œuvre, aux évolutions technologiques (par exemple, avant la guerre de Sécession, lorsque se conjuguent les effets de l'accumulation rapide du capital et des flux d'immigrants antérieurs) et à l'évolution des marchés de produits (avec la contraction de la part de l'agriculture). L'étude factuelle rejoint les enseignements qualitatifs de la théorie : les différentiels de rémunération et leurs variations font écho aux variations de la « demande de travail », laquelle fait écho aux mouvements de la productivité et à celles de l'« offre », l'« abondance » de travail étant source de pression à la baisse. Ce cas bien documenté appelle cependant deux observations.

D'une part, les régularités macroéconomiques gomment les fluctuations des trajectoires individuelles.

Les crises sectorielles, comme celles qui ont affecté les mines à la fin du XIXe siècle, peuvent conduire à une exacerbation des tensions sur l'emploi et le salaire.

D'autre part, le cas américain, aussi bien documenté qu'il soit, n'est pas nécessairement exemplaire. Il ne rend pas justice aux formes historiques extrêmes de l'inégalité, que la théorie n'exclut pas et qu'illustrent les exemples de la main-d'œuvre non qualifiée et surabondante des favelas du tiers monde, avatars de l'armée de réserve de Marx. S'il faut créditer le marché de sa capacité à créer des biens, à allouer efficacement les ressources au sein du secteur productif, à stimuler l'initiative par la concurrence, il faut reconnaître qu'il a souvent coexisté avec la pauvreté. Il faut aussi admettre que dans les périodes de récession, il a produit les conditions de l'indigence extrême, que les romans de Zola ou de Steinbeck ont inscrites dans la conscience collective.

La perception sociale des inégalités de marché

Le jugement porté sur le marché reflète très largement celui porté sur l'acceptabilité de la distribution du revenu primaire, et donc en amont sur sa légitimité. Ce jugement reflète aussi, le cas échéant, les possibilités d'affecter cette distribution primaire par une redistribution ultérieure. En caricaturant à l'extrême, on peut distinguer trois grands types de position.

L'utopie communiste, au moins dans sa version soviétique, récuse le marché du travail – ce qui est clairement dans la ligne de l'enseignement de Marx –, et, dans le même mouvement, récuse le marché des biens. Cette formule extrême, visant à assurer « à chacun selon ses besoins », hors de toute logique marchande, n'a jamais été pleinement concrétisée.

À l'autre extrémité de l'échiquier idéologique, les libéraux font du « tout-marché », marché des biens et marché du travail, l'essentiel de leur credo économique. Leur unité apparente dissimule pourtant une diversité de positions sur la répartition des revenus. Pour certains, l'accent doit être mis essentiellement sur l'égalité des chances, en particulier l'égalité des chances éducatives ; plus généralement, pour d'autres, à la suite de Robert Nozick, l'équité horizontale est le seul concernement philosophiquement légitime ; certains encore voient dans la redistribution un problème étranger au marché, qui relève du registre du politique et non de l'économique. Cette dernière position fait écho à la sensibilité d'une partie des économistes, mais aussi au troisième point de vue que nous allons introduire.

Entre libéraux et communistes, l'idéologie parfois qualifiée de « sociale-démocrate », qui a fortement influencé la culture politique et la gestion économique des sociétés européennes au cours du dernier demi-siècle, repose sur une sensibilité intermédiaire, fondée sur une acceptation du marché, tant qu'il concerne les biens et sur un rejet ou une réticence profonde vis-à-vis des sujétions du marché du travail. Est-il possible de conserver le marché des biens et de supprimer le marché du travail ? La réponse est clairement négative dans l'abstraction de la théorie comme dans le concret du réel. Pourtant, dans une situation où la tendance du marché du travail est favorable (pendant les Trente Glorieuses, l'importance de la demande de travail peu qualifié était favorable à la réduction des inégalités salariales), les procédures de gestion collective ont pu laisser croire à l'autonomie de la rémunération par rapport aux forces à l'œuvre sur le marché des biens. Par ailleurs, les rigueurs du marché du travail ont encore été atténuées par la mise en place d'un système d'assurances plus complet et plus satisfaisant que ce que la seule logique marchande est susceptible de faire émerger.

Enfin, un certain nombre de dispositions, comme celles déterminant l'impôt sur le revenu, assurent une progressivité du prélèvement fiscal et parafiscal. Cette progressivité reflète à la fois une logique de l'assurance (elle limite par exemple les variations du revenu liées aux aléas heureux ou malheureux du choix d'une profession) et celle de la redistribution (elle opère des transferts entre ceux dont les aptitudes sont valorisées par le marché et les autres). L'épuisement du modèle social-démocrate, dont la remise en cause de l'État providence suédois a été, dans les années 1980, une manifestation spectaculaire, traduit à la fois la croissance mal maîtrisée de ses coûts et une modification profonde de la situation et de la concurrence sur le marché des biens. L'efficacité du compromis social-démocrate est incontestable mais aussi historiquement datée.

Naturellement, cette classification à la serpe ne rend pas justice à la richesse des sensibilités qui se sont exprimées sur ce sujet essentiel. Où classer par exemple les économistes influencés par ce que l'on a improprement appelé la « tradition marginaliste » ? Pareto, Hicks, Allais ou même Friedman reconnaissent dans leurs analyses le double registre de l'efficacité et de l'équité ; ils admettent que les mesures qui améliorent la première doivent s'accompagner, au titre de la seconde, de compensations financières. Mais les solutions qu'ils envisagent, la compensation « forfaitaire » – pour ne pas parler de l'impôt foncier de Walras et de l'impôt sur le capital d'Allais –, sont paradoxalement plus ambitieuses, mais à ce jour moins réalistes, peut-être parce qu'elles négligent à la fois les problèmes d'information des politiques de redistribution et leur versant assuranciel, que celles mises en œuvre dans la pratique sociale-démocrate. Paradoxalement, ce sont les vues de Friedman, le plus « libéral » d'entre eux, mais le porte-parole le plus éloquent de l'idée d'impôt négatif et de revenu minimum après les années 1960, qui ont été plus influentes.

Marché, stabilisation, croissance et innovation

On regroupe ici les débats que les économistes associent souvent à la catégorie de la « macroéconomie ». Paradoxalement, ces débats portent sur la gestion à court terme de l'économie, ce que l'on appelle le problème de la « stabilisation », et sa gestion à long terme, la croissance, le développement. Ces problèmes ne sont sans doute pas sans relations entre eux, même si elles ne sont sans doute pas toutes comprises. Nous les traiterons évidemment ici séparément.

La navigation de temps calme : les fluctuations conjoncturelles

La conjoncture économique est, on le sait, fluctuante. Le vocabulaire savant qui nomme les fluctuations est passé dans le langage courant : les « reprises » conduisent parfois à des « surchauffes », qui sont éventuellement suivies de « récessions ». Selon les phases de la conjoncture, les capacités de production sont inégalement utilisées : en période de surchauffe, les entreprises ne peuvent répondre à la demande, utilisent leurs équipements à pleines capacités et sont à la recherche d'une main-d'œuvre qui devient rare. En période de récession, la situation s'inverse, les équipements et les travailleurs sont partiellement inutilisés, le chômage se développe. Dans sa forme extrême, la récession devient crise: la crise de 1929 en est l'archétype.

Notre capacité de description des phénomènes conjoncturels s'est considérablement améliorée depuis la mise en place, après la fin de la Seconde Guerre mondiale, de comptabilités nationales qui permettent de quantifier les grands agrégats économiques, le produit ou la production (intérieure, nationale, brute ou nette, et les sigles correspondants, PIB, PNB), la consommation des ménages, le volume des importations et des exportations, etc. Le succès des instruments de la comptabilité nationale se mesure à l'aune de l'importance qu'ils ont acquise dans le débat public, voire, ce qui est plus troublant et inquiétant, à celle de l'hégémonie des points de vue dont ils constituent la traduction quantitative. Il se mesure aussi à leur contribution des tableaux de bord sophistiqués de la comptabilité nationale à l'observation et éventuellement à la régulation de la marche des affaires, une marche des affaires qu'ils ne suffisent cependant pas à contrôler.

Même dans des conjectures de temps calme, l'activité économique est soumise à des fluctuations, le plus souvent jugées indésirables. Pour les corriger, les maîtriser, des politiques économiques dites « correctrices » sont mises en œuvre: la politique budgétaire joue sur le volume des dépenses et des recettes publiques et détermine leur solde, le déficit budgétaire; la politique monétaire, aujourd'hui sous la responsabilité de la Banque centrale européenne, a une action directe et indirecte sur le loyer de l'argent, c'est-à-dire sur les taux d'intérêt à court et moyen terme.

Les politiques économiques de l'après-guerre ont été très influencées par les interprétations les plus influentes des disciples de Keynes, que Keynes n'aurait sans doute pas récusées (même si elles ne fournissent pas la synthèse théorique incontestable qu'il a passé sa vie à rechercher). Ces interprétations peuvent être qualifiées de « néo-keynésiennes ». À court terme, l'argument prend acte de la flexibilité limitée des prix, que prix et salaires s'ajustent imparfaitement, étant entendu que la rigidité à la baisse du salaire peut relever d'une action délibérée pour préserver le pouvoir d'achat des plus défavorisés. Cette rigidité détermine des ajustements des quantités mises sur le marché, au travers du célèbre multiplicateur keynésien : un « choc » créant un accroissement de la demande de 1 euro crée un accroissement de revenu de 1 euro qui, lui-même, détermine un accroissement induit de demande de ß euros (ß < 1) dont l'effet, au coefficient de « propension à consommer » ß près, est analogue à celui du choc initial et donc se propage en cascade[1]. Le multiplicateur est un des mécanismes centraux qui sous-tend le modèle IS-LM, celui de la synthèse néo-keynésienne reprise dans les manuels universitaires des années 1960. Ces mécanismes déterminent aussi les ajustements que décrivent les grands modèles macroéconomiques, dont l'utilisation, permise par les ordinateurs, s'est développée aux États-Unis puis en Europe pendant les années 1970 (après Fifi, le modèle Metric en France).).

Ces grands modèles d'inspiration keynésiennes sont restés des outils influents de discussion de la politique économique parfois jusqu'à aujourd'hui. Mais la pertinence intellectuelle du keynésianisme simplifié des manuels a été soumise à des contestations réitérées. Ces contestations sont souvent venues des pôles des alentours de l'université de Chicago, associés à « l'eau douce » du Lac Michigan. Les angles d'attaque ont été nombreux : les politiques keynésiennes créent de l'inflation sans réduire le chômage (c'est le débat autour de la courbe de Philips), la réflexion sur les anticipations est simpliste (on peut tromper les agents économiques une fois, deux fois mais pas indéfiniment), etc.

Et passé les Trente Glorieuses, un scepticisme croissant s'est développé vis-à-vis de la doxa dite néo-keynésienne. Dans les années 1980, la contestation théorique s'est concrétisée dans une alternative : la discussion macroéconomique doit cesser de se référer aux schémas de type IS-LM, pour s'organiser autour des schémas intellectuels des modèles dits « de cycle réels » (*real business cycles*). Les cycles ici sont réels – ils résultent de chocs réels sur l'économie, chocs sur la productivité par exemple –, auxquels celle-ci répond de façon optimale. Les fluctuations ne signalent pas de problème particulier mais sont les réponses optimales du système aux chocs auxquels il est soumis, sauf action étatique aggravante. Le docteur Pangloss reprend du service !

C'est que les agents sont rationnels, que les marchés sont parfaits et complets et que les anticipations sont aussi « rationnelles ». Les grands modèles macro-économétriques en service aujourd'hui (MEGIS, Modèles d'Équilibre Général Stochastique) trouvent une large part de leur inspiration dans la problématique des cycles réels, même si ils en atténuent la caricature. Pour ce faire, une instillation d'un peu de rigidité des prix, celle qu'introduisent les nouveaux keynésiens, réintroduit la problématique des ajustements de prix longuement évoquée plus haut.

Mais autant qu'un dysfonctionnement du marché au travers des ajustements de prix, l'analyse de la stabilisation économique doit envisager les difficultés et les incertitudes de la coordination des anticipations. Par exemple, l'instabilité du marché refléterait la volatilité, éventuellement « autoréalisatrice », de la confiance et de l'optimisme, une thèse qui rentre sans doute mal dans le vocable néo-keynésien, même si elle ramène aux « esprits animaux » qui, selon Keynes, gouvernaient l'humeur des investisseurs. Ces humeurs, comme dans les « équilibres à taches solaires » chers aux théoriciens, sont à l'origine de prophéties « autoréalisatrices », qui font alterner, de façon statistiquement prévisible, booms et récessions.

Il se peut enfin – à vrai dire c'est l'hypothèse la plus crédible mais à ce jour loin d'être pleinement étayée – que les difficultés conjoncturelles traduisent des défaillances de coordination des anticipations qui, à des degrés divers selon le moment, affecteraient la qualité des décisions individuelles et donc la qualité des signaux-prix qui en résultent.

Quoi qu'il en soit, l'accent mis sur l'importance des anticipations est paradoxalement un point d'accord entre l'avatar moderne de la tradition keynésienne et la tradition « monétariste » opposée. Mais elles suggèrent une analyse très différente de la qualité desdites anticipations, excellente pour la tradition monétariste, douteuse si l'on suit l'intuition keynésienne…

Un point à mettre à l'actif de la tradition monétariste est l'accent qu'elle a mis sur la crédibilité de la politique gouvernementale : l'annonce de ce que le gouvernement fera demain est, tout autant que ce qu'il fait aujourd'hui, un levier sur l'économie ; ce levier sera peu efficace si l'annonce de l'action publique n'est pas crédible. Les politiques modernes de lutte contre l'inflation ont largement reposé sur la crédibilité des régulations monétaires restrictives. On y reviendra dans un moment.

La navigation dans la tempête : la récurrence des crises

Mais le temps calme auquel, pour l'essentiel, renvoyait le paragraphe précédent, est trompeur. La « grande modération » qui était censée caractériser les économies les plus développées après les années 1990 était en fait largement une illusion d'optique : depuis les années 1970, tant en Amérique latine en Asie, se sont succédés nombre de mouvements incontrôlés. La crise de 2008 a montré que cette grande modération n'était pas seulement géographiquement circonscrite mais provisoire.

Ce n'est pas le lieu de refaire ici l'histoire de la crise qui se déclenche alors : ce qui était apparemment un incendie local, l'effondrement de la bulle de l'immobilier suscitée par les *subprime*, s'est transformé en un gigantesque feu de forêt. La mèche allumée aux États-Unis transmet l'incendie : la panique gagne l'ensemble du système financier mondialisé et le paralyse. La récession induite est mondiale, même si elle est inégalement longue et profonde selon les régions.

La crise n'est pas sans rappeler celle de 1929. Là aussi, c'est une bulle, la bulle du marché boursier américain, dont les cours s'étaient envolés de 300 pour cent entre 1921 et 1929, alors que la production avait seulement augmenté de 50 %, qui est le déclencheur. Hier aussi, la transmission à l'économie réelle est rapide et profonde et se traduit par une récession mondiale.

A-t-on profité des leçons de 1929 ? En tous cas, le précédent de 1929 a pesé sur les réactions de la politique économique. Celle-ci a fait preuve d'un incontestable éclectisme, se nourrissant des leçons qui relèvent de convictions contradictoires, celles de J. M Keynes et celles de M. Friedman. Le soutien de l'activité par la dépense publique, le stimulus, largement mis en œuvre, a, c'est le moins que l'on puisse dire, une tonalité keynésienne. Le soutien relativement large que des politiques de ce type ont eu chez les économistes en général, les économistes américains en particulier, reflète plus un certain pragmatisme qu'un ralliement théorique. Milton Friedman maintenant. Son analyse de la crise de 1929 mettait l'accent sur les effets en chaîne destructeurs des faillites bancaires. Le sauvetage des banques et le secours au système bancaire ont ainsi été des mots d'ordre très suivis. Un sauvetage qui a permis d'enrayer la spirale déflationniste, même s'il a eu d'autres inconvénients. *Last but not least*, la politique monétaire a été appelée à la rescousse et l'inflation a cessé d'être l'hydre à terrasser.

Ce dernier point mérite de plus longs commentaires, un détour et un regard rétrospectif sur la question de l'inflation est utile ici.

L'inflation qui a dominé les discussions de politique économique dans l'Europe de l'après-guerre, et en France en particulier, n'est plus au centre du débat aujourd'hui. Pourquoi ? Les taux d'inflation dépassaient 40 % dans l'immédiat après-guerre (ramenés ensuite à des niveaux plus faibles, ils sont remontés au-dessus de 8 % de 1973 à 1983). Souvent alimentée par le financement monétaire du déficit budgétaire de l'État (c'est-à-dire par l'usage de la « planche à billets » pour financer les dépenses publiques), la masse monétaire dérivait largement par rapport à la production nationale. L'inflation était un phénomène auto-entretenu, les salaires rattrapant les prix et les prix les salaires dans une spirale dont l'anticipation et la réalisation étaient imparfaitement stabilisées. Même hors des périodes d'inflation galopante, où elle est susceptible de détruire l'économie, l'inflation n'est pas seulement un voile, une dérive de la valeur de l'unité de compte sans conséquence substantielle. Elle a eu au contraire après-guerre des effets réels ; par exemple, elle a conduit à la spoliation des détenteurs de titres à taux d'intérêt nominal fixe et, en contrepartie à un financement bon marché, à taux d'intérêt réel négatif, d'une partie des investissements productifs. Elle a aussi, dans un système de taux de change fixes, où les différences d'inflation entre monnaies ne sont pas soutenables, suscité de nombreuses dévaluations. L'assentiment à une croissance accompagnée, voire stimulée par l'inflation a progressivement disparu. La stabilité monétaire est devenue une valeur largement acceptée. La politique monétaire s'est employée, sinon à éradiquer l'inflation, du moins à la limiter à des niveaux faibles. L'idée s'est peu à peu instaurée que le contrôle de l'inflation était l'objectif central, voire le seul objectif à assigner à la politique monétaire. La crédibilité est devenue le maître-mot de ladite politique et l'indépendance de la Banque centrale un sésame de cette crédibilité. La « règle de Taylor » sera la caution universitaire de cette nouvelle règle du jeu mettant en musique l'action des banques centrales. Dans un monde où le contrat est aussi clair, qui pourrait alors contester le bien-fondé de l'indépendance ?

Dans la crise, les banques centrales ont fait passer au second plan le contrôle de l'inflation pour donner priorité au soutien au système bancaire, par exemple en lui fournissant les liquidités que sa paralysie lui empêchait de produire. Bien sûr nécessité fait loi, mais oubliées les prescriptions de temps calme, la règle de Taylor, et étrangement écorné, l'argumentaire habituel pour l'indépendance…

On l'aura compris, pragmatisme, opportunisme, éclectisme sont les marqueurs des politiques mises en œuvre. Dans l'urgence et en l'absence de vision intellectuelle ambitieuse à l'arrière-plan, il faut parer au plus pressé et espérer qu'une intuition à plusieurs voix guide l'action.

Nous n'avons pas en effet quelque chose qui pourrait s'appeler une « théorie de la crise ». Fondamentalement, une crise – c'est vrai de la crise de 1929, comme c'est vrai de la crise actuelle – constitue une remise en cause majeure de l'image du monde sur laquelle les agents économiques fondaient leur action antérieure. Cette image du monde, cette convention si l'on veut, n'était pas arbitraire, mais plausible et sa plausibilité était gagée sur la succession des faits observés. La crise constitue donc, la métaphore vaut ce qu'elle vaut, une sorte de trou d'air. Le trou d'air passé, il faut en revenir à la reconstruction de ladite image du monde. Tout ceci renvoie bien entendu à la discussion que nous avons eue sur les limites du marché généralisé stylisé.

Ou bien, mais la thèse est difficile à défendre, les mécanismes de marché sont par nature stabilisateurs, et la crise une anomalie dont l'existence est improbable et en tout état de cause les interventions de l'Etat sont ou bien inutiles ou bien contreproductives. Ou bien le marché procède mal aux ajustements nécessités par les variations de l'environnement économique, et l'analyse de ce disfonctionnement renvoie à l'analyse des disfonctionnements des ajustements de prix ou dans la formation des anticipations. Nous voici revenus à l'idée de l'image du monde et à la réflexion sur les conditions de sa stabilité ou, si l'on préfère, de son caractère auto-réalisateur[2].

La croissance, l'innovation et le développement

La croissance économique désigne l'accroissement de la production et de la consommation, de la richesse produite. Mesurer la croissance est un exercice délicat, car s'il est facile d'évaluer l'augmentation de la production de blé par exemple, la quantification de la croissance, disons, des services de transport est une autre affaire : quel équivalent y a-t-il entre un voyage Paris-Marseille en TGV aujourd'hui et le même voyage en diligence sous Louis XIV ? Le travail consciencieux et minutieux des comptables nationaux et des historiens est bien sûr confronté à cette difficulté. Quelles qu'en soient les limites, il fournit des évaluations de la croissance du niveau de vie dont le meilleur indicateur est la croissance de la production, ou de la consommation par tête, c'est-à-dire par habitant d'un pays.

La croissance est un mouvement séculaire dont la persistance marque l'époque moderne. Le produit par tête a crû en moyenne de 1 % en France de 1840 à 1910 ; monté à plus de 4 % environ pendant les Trente Glorieuses, il est on le sait retombé depuis.

Quels sont les facteurs de la croissance ? Prenons à nouveau le cas du blé. Le rendement à l'hectare était environ de vingt-cinq quintaux au début du XXe siècle en France, il dépasse aujourd'hui les soixante. Cette progression spectaculaire n'est nullement due à un accroissement du temps de travail par hectare, tout au contraire ce temps a considérablement diminué. Ce n'est pas tant l'accroissement du capital qui est notable que la substitution du capital, associé à l'énergie, au travail. Cette substitution, c'est-à-dire le remplacement, bien réel, de la faux et du fléau par la moissonneuse-batteuse, de l'énergie humaine par l'énergie mécanique, a accru considérablement ce que l'on appelle la « productivité apparente » du travail. L'accroissement du rendement est d'abord la conséquence de l'amélioration des semences, des progrès de l'assolement par l'utilisation des engrais chimiques. En bref, le facteur décisif de l'accroissement de la production a été le progrès des connaissances techniques et l'amélioration consécutive des « procédés de fabrication ». Dans tous les domaines, il en va ainsi : les accroissements du capital ou du travail n'expliquent qu'une partie du *trend* séculaire des progrès de production ; c'est le progrès technique, par l'efficacité accrue qu'il apporte aux procédés de production, que ce soit directement ou au travers de la « qualité » du capital ou de la « qualité » du travail (le travail de l'agriculteur, qui requiert aujourd'hui des compétences clairement supérieures, est de « qualité » supérieure) qui est le moteur essentiel de la croissance.

Ces remarques sur la croissance et ses facteurs nous ramène tout droit aux économies de marché et à l'évaluation de leurs performances. Cette fois, réflexion et observation apparaissent antinomiques. La réflexion suggère en effet que les institutions du marché sont mal adaptées à la production ou, plus encore, à la concrétisation des progrès de la connaissance. Le progrès technique est en effet un bien collectif, au sens de notre analyse de la partie précédente ; mais dans une économie de marché, le brevet qui protège l'invention, et donc préserve l'incitation privée à inventer, limite aussi la diffusion souhaitable du bien collectif « connaissances ». Cette perception de la défaillance du marché est sans doute présente en filigrane dans le slogan léniniste définissant le socialisme comme « les Soviets plus l'électricité ». C'est bien la conviction d'une meilleure utilisation du progrès technique qui inspirait l'objectif soviétique de dépassement des États-Unis. Les faits, là, ont démenti un pronostic qu'un premier raisonnement économique paraissait corroborer. L'arbre, le lancement du *Spoutnik* en 1958, ne doit pas cacher la forêt des novations technologiques de l'après-guerre : depuis 1945, presque toutes les innovations techniques qui ont un effet sur notre vie quotidienne, du transistor à la puce électronique, du plastique à l'avion à réaction ont été conçues en Occident, et presque toujours d'abord développées industriellement dans le contexte économique du marché. C'est le plus grave des échecs économiques de la planification soviétique, car il se situe non sur un plan où sa supériorité était apparue douteuse aux experts, par exemple le plan de l'organisation du système de production, mais sur un plan où sa supériorité était *a priori* plausible ou en tout cas plaidable.

Ces remarques ne prétendent pas épuiser le débat sur l'innovation technique – pourquoi, après tout, le marché est-il historiquement apparu favorable à l'adoption de l'innovation technique ? –, sur la croissance – comment s'explique la variation dans le temps du taux de croissance ? –, et encore moins sur le développement.

Le développement, ou du moins ses conditions permissives, reste à bien des égards une énigme. À côté d'économies développées, dont le développement a historiquement reposé sur un marché enserré dans des formes variables d'intervention étatique, il existe nombre d'économies qui appartiennent, dans la terminologie adoptée ici, aux économies de marché et qui souffrent du sous-développement. Le blocage du développement est-il lié à trop peu de marché, comme le suggèrent les thèses libérales, ou à trop peu d'État, comme l'affirme la vulgate dirigiste ? Il s'agit d'une question considérable, à laquelle l'analyse de l'émergence des dragons asiatiques apporte un éclairage intéressant. Comme l'a montré Joseph Stiglitz[2], leur succès économique n'est pas le reflet d'une adoption mécanique des recettes libérales des organisations internationales. Ces pays ont habilement combiné l'ouverture au marché mondial, qui fournit à leurs produits de vastes débouchés, et une régulation étatique interne, par exemple dans le domaine de la distribution du crédit. La montée en puissance de la Chine fourni, si besoin était, un autre exemple des vertus d'une stratégie bien conçue (et mise en musique par l'Etat) d'insertion dans l'économie mondialisée.

La mise en place de structures financières adéquates constitue une condition du développement – les recherches récentes en soulignent le caractère décisif. La condition plus sociologique de l'épanouissement de l'esprit entrepreneurial cher à Max Weber, aujourd'hui comme aux débuts du capitalisme, lui est pour une part subordonnée. Il en va de même de la confiance, comme l'a souligné autrefois Alain Peyrefitte.

Un bon niveau d'éducation constitue une troisième condition. Le fait est avéré pour les pays d'Asie du Sud-Est, où il est communément admis que la mise en place d'un système convenable pour l'éducation primaire et le début du secondaire a été un facteur du décollage économique.

On ne peut bien entendu prétendre épuiser en quelques lignes un problème aussi considérable que celui du développement. On a seulement voulu évoquer l'ombre portée de notre sujet sur la question du développement, c'est-à-dire la part de marché et d'organisation qu'elle réclame. Mais le sujet possède bien d'autres dimensions qui ne sont pas toutes économiques mais sont susceptibles d'interférer avec la dimension économique. Par exemple la dimension démographique. Une population en croissance rapide, quels que soient les avantages que, suivant par exemple Alfred Sauvy, on lui attache, exacerbe les besoins d'épargne, facteur indispensable du rattrapage du niveau de capital par tête dans un pays en développement.

Notes :

1. De telle sorte que le multiplicateur est $1 + \beta + \beta^2 + \ldots = 1/(1 - \beta)$. C'est, comme le savent les étudiants, l'inverse de la « propension à épargner ».

2. Un mot sur la crise de l'euro, qui est un effet induit de la crise en général, mais qui pose des problèmes de nature différente. Un problème économique : comment faire d'une zone monétaire hétérodoxe, assez éloignée des standards de la zone monétaire optimale de la théorie traditionnelle, une zone monétaire viable ? Une ou plusieurs questions politiques : combien est on prêt à payer pour cela, en termes économiques ou en termes de souveraineté ?

Troisième partie

Le marché et ses défis contemporains

Nous allons maintenant envisager trois grands problèmes de notre temps. Chacun illustre, à sa façon, un des grands défis contemporains, auxquelles nos économies, qui sont et resteront selon toute vraisemblance des économies de marché, et nos sociétés, qui doivent non servir le marché mais s'en servir, sont aujourd'hui, et seront dans le siècle qui vient, confrontées.

Aucun de ces problèmes – la mondialisation, le développement durable, la place de l'État – n'est strictement économique. Au contraire, chacun renvoie à ce que Marcel Mauss appelait un « fait social total ». Mais, sujet de l'ouvrage oblige, le regard prospectif que nous porterons sur le sujet restera économique.

Ajoutons que chacun de ces sujets appelle des développements longs et a suscité ou va susciter des centaines de milliers de pages – l'argumentaire que nous présenterons sera bien évidemment incomplet. Il sera aussi moins « distancié » que dans les deux premières parties, puisqu'il intervient dans un débat souvent des plus confus. L'analyse sera aussi moins objective, puisqu'elle confrontera des conjectures sur des questions sur lesquelles l'histoire, qui permettra de trancher, au moins en partie, est loin d'avoir rendu son verdict à ce jour.

La mondialisation

La mondialisation des échanges, hier et aujourd'hui

Faut-il parler de « mondialisation » ou de « globalisation » ? Les mots sont synonymes, le second s'identifiant avec son équivalent anglais. L'un et l'autre font la une de nos journaux et la rumeur médiatique les présente comme pierres d'achoppement de notre modernité. Pourtant, le phénomène qu'ils désignent est moins inédit qu'on le dit ou le croit. Il a touché ce que Jeffrey Williamson et Kevin O'Rourke appellent, dans un ouvrage paru en 2002[1] l'« économie atlantique » (à peu près les pays actuels de l'OCDE), à partir de la fin du premier tiers du XIXe siècle jusqu'au début du XXe. L'économie atlantique a alors connu une expansion qui s'est accompagnée d'un mouvement de convergence des niveaux de vie et des salaires réels. L'épisode a été marqué par la mise en concurrence des marchés de biens agricoles et manufacturés mais aussi par des mouvements migratoires et des mouvements de capitaux, les uns d'une ampleur souvent très supérieure à ce que nous avons observé à la fin du XXe siècle et les autres d'une ampleur comparable. Que les flux migratoires aient été considérables – soixante millions d'Européens ont traversé l'Atlantique après 1820 – est, en partie du moins, inscrit dans notre mémoire collective. Mais que les marchés de capitaux aient été parfois plus intégrés il y a un siècle qu'aujourd'hui surprendra sans doute plus d'un commentateur mal informé, qu'il soit admirateur ou contempteur du « village global » de notre finance mondiale.

Pourtant, le phénomène le plus fascinant et le plus important pour l'analyse est sans doute le rythme de l'intégration croissante des marchés de biens, l'intensité soutenue du gradient de leur mise en communication, d'abord de 1820 à 1870 puis de 1870 à la Première Guerre mondiale. Cette intégration a un premier moteur, une succession remarquable d'innovations majeures dans le secteur des transports. Ainsi, le développement des canaux, le déclin de la marine à voiles, inexorablement remplacée par la vapeur, surtout après le creusement du canal de Suez, la croissance à deux chiffres du kilométrage des réseaux de chemin de fer après 1860, mais aussi à partir de 1870 les progrès de la réfrigération ont écrasé les coûts des transports nationaux et internationaux et permis de mettre en communication les marchés de biens de l'économie atlantique.

Le mouvement a cependant connu deux phases bien distinctes. La première voit les effets de la baisse des coûts des transports amplifiés par les progrès du libre-échange : l'initiative unilatérale de la Grande-Bretagne qui abroge les *Corn Laws* (les lois sur les céréales) en 1846 est suivie par une série de traités bilatéraux par lesquels nombre de nations européennes se consentent mutuellement la clause de « la nation la plus favorisée* » : à la fin des années 1870, le tarif douanier moyen sur les biens manufacturés ne dépasse guère 10 % en Europe... C'est, pour reprendre la formule de Paul Bairoch[2], « l'interlude libéral ». La réduction spectaculaire des coûts de transport va se poursuivre à un rythme soutenu au moins jusqu'à la Première Guerre mondiale : de 1870 à 1913, la baisse du fret divisera souvent par deux les écarts de prix entre deux marchés situés de part et d'autre de l'Atlantique. Mais cette seconde phase, contrairement à la première, voit ses effets contrariés par le recul général des politiques de libre-échange. Souvent, en réponse à l'invasion des céréales bon marché venant d'Amérique et d'ailleurs, les tarifs douaniers, « océan artificiel », vont se substituer à l'ancienne barrière de l'océan. Les effets cumulatifs du repli vont se poursuivre et l'inconscient collectif associera, à tort ou à raison, l'assombrissement des années de l'entre-deux-guerres à l'exacerbation de cette logique de contraction.

Notre mondialisation, celle de la fin du XXe siècle, repose sur les mêmes ingrédients, le volontarisme et l'abaissement des coûts de transport. L'extension géographique actuelle des marchés de biens reflète à la fois l'amélioration continue des transports, cette fois marquée par l'avènement de l'aérien, et, à nouveau, l'abaissement des droits de douane. Mais l'ordre d'importance de ces deux facteurs s'est quelque peu inversé. C'est l'affaiblissement des protections douanières qui semble avoir joué le rôle prédominant qu'avaient eu les transports au XIXe siècle. Cet abaissement des tarifs douaniers a pris place non seulement au sein d'unions douanières comme la Communauté européenne ou la NAFTA (North American Free Trade Association, entre les États-Unis, le Mexique et le Canada), mais aussi entre ces unions douanières elles-mêmes. Il a conduit à créer un véritable marché mondial pour un nombre croissant de marchandises. Cet abaissement spectaculaire des protections douanières n'avait rien d'inéluctable. Il est le résultat d'actions volontaristes, en particulier de celles conçues et décidées dans le cadre d'un arrangement international, le GATT (*General Agreement on Trade and Tariffs*), qui donnera naissance à un organisme international spécialisé, l'OMC (Organisation mondiale du commerce[3]). Cet organisme, conformément à sa mission, a repris la méthode antérieure des « petits pas », instrument pragmatique et efficace de démantèlement des systèmes de protection tarifaire. À titre d'exemple, les tarifs douaniers sur les biens manufacturés entrant dans les pays développés ont été abaissés de 33 % entre 1945 et 1973, un chiffre que l'on peut mettre en regard de celui de l'abaissement des écarts de prix au XIXe siècle.

Le marché international des capitaux s'est lui aussi considérablement développé dans cette période, même si, on l'a dit, sa mondialisation n'avait pas un caractère inédit. À cette mobilité des biens et des capitaux financiers s'est opposée, en contrepoint, une immobilité au moins partielle des facteurs de production : le capital dit « fixe » – les usines, leurs équipements –, comme son nom l'indique, reste pour l'essentiel attaché au lieu où il a été historiquement accumulé. À vrai dire, le capital financier s'investit de façon encore privilégiée près de ses lieux d'origine. Et le capital par tête, quelle que soit la manière dont on le mesure, reste aujourd'hui beaucoup plus élevé dans les pays du Nord que dans ceux du Sud. La mobilité internationale du travail que concrétisent les migrations reste limitée.

Où va nous conduire la mondialisation des échanges qui s'est engagée depuis plus de cinquante ans et qui s'accélère aujourd'hui, alors qu'entrent dans le jeu deux géants démographiques, la Chine et l'Inde ? Le monde bruit de cette question, partagé entre craintes et espoirs. Les essayistes surfent sur ce nouveau filon et ont choisi, pour dépeindre la situation, le rose et le noir, des couleurs qui font recette. Les uns voient une « mondialisation heureuse » là où les autres voient les prémices d'un cauchemar. Tous recouvrent leurs analyses, leurs enthousiasmes ou leurs anathèmes d'un vernis de savoir économique : la mondialisation, selon les premiers, est un vecteur de création de richesses universel, pour les autres, elle détruit l'État providence des sociétés occidentales, et nos salaires, dorénavant, vont être « fixés à Pékin[4] ». Rien de cela, naturellement, n'est parfaitement exact, ni complètement faux. Mais le savoir économique, celui fondé sur l'histoire comme celui fondé sur la réflexion, doit permettre de démêler le rose du noir, et, faute de trancher avec la superbe de l'ignorance, de mettre en évidence les raisons de la difficulté du pronostic. Nous avons commencé cet effort en esquissant le décor, celui des faits, ceux d'hier et d'aujourd'hui ; nous allons, comme à l'habitude, nous tourner vers la réflexion, et faire appel à l'argumentaire théorique.

Théorie économique et échange international

Qu'en disent les théories économiques ? Leurs réponses se situent sur plusieurs registres, que l'on peut décliner sur un mode musical.

Il y a tout d'abord, tout au long de la partition, un leitmotiv léger mais récurrent : l'extension des échanges internationaux n'est qu'une l'extension de la sphère du marché. Et l'extension universelle du marché porte deux messages aux tons contradictoires. Le premier est enveloppé de vapeurs roses, c'est celui que portent les thuriféraires de la mondialisation : l'extension de la sphère de l'échange en accroît les avantages, l'extension maximale de l'espace de création des richesses accroîtra les richesses au maximum. Le second message fait écho à l'universalité des prix, à leur unification à laquelle conduirait l'unification du marché. Dans un univers où serait réalisée l'utopie d'une circulation sans entraves et sans coût des facteurs de production, le marché conduirait à égaliser partout à travers le monde à la fois le coût du capital*, le taux de l'intérêt, et le coût du travail, le salaire. Ce message tire plutôt sur le gris : qu'on imagine les bouleversements auxquels une mondialisation complète de tous les marchés conduirait si elle devait s'opérer aujourd'hui ! Nos salaires seraient alors bien fixés à Pékin ou, plutôt, simultanément à Pékin, New York, Paris et New Delhi : il est difficile d'imaginer que ce coup de baguette magique, même s'il accroissait la richesse mondiale, ne soit pas maléfique pour certains. L'effet ne serait-il pas fort désavantageux, voire désastreux pour les travailleurs les moins qualifiés des pays riches ? Qu'on se rassure, rien de tel ne peut se produire instantanément. Nous sommes loin d'un marché mondial unifié où, d'une part, les biens, de l'autre, les facteurs de production, c'est-à-dire le capital et le travail, pourraient se déplacer instantanément et sans coût. À vrai dire, même le marché des biens tend (encore ?) à se polariser à l'intérieur des frontières : ainsi, on peut être quelque peu surpris d'apprendre qu'un État canadien commerce beaucoup plus avec un autre État canadien qu'avec un État américain situé à la même distance.

Ces commentaires soulignent, si besoin était, la tonalité quelque peu atemporelle du leitmotiv, ils renvoient aux tendances de long terme, et restent évasifs sur le rythme auquel la tendance de long terme s'inscrira dans les décennies à venir. C'est là qu'intervient, pour reprendre la métaphore musicale, le reste de la partition. Partant des thèmes du leitmotiv, elle leur donne un développement que viennent soutenir tour à tour, d'abord les coups de cymbale, puis la basse et enfin le violon inquiet.

Les coups de cymbale d'abord. Ils font écho au rose du leitmotiv. Les économistes soulignent presque unanimement que le commerce crée de la richesse. Cette thèse a sa racine dans une intuition simple, voire simpliste : le commerce entre nations est analogue à l'échange entre individus, qui n'est accepté que s'il est mutuellement avantageux. Mais bien sûr, cette thèse a dû être affinée : pour que les nations échangent, il faut d'abord qu'elles produisent. Sur ce registre, l'analyse de Ricardo a pesé sur tout le développement de la pensée économique sur l'échange international : le commerce, dit-il, détermine la spécialisation, source d'efficacité. Il conduit l'Angleterre à se spécialiser dans le textile et le Portugal dans le vin. L'avantage comparé, et non absolu, est à l'origine des bénéfices de cette spécialisation ; elle accroît la richesse des pays qui s'y engagent.

Une objection, au moins, s'impose : une nation ne s'identifie pas à un individu, ni un seul secteur productif, elle est composée de nombreux agents économiques, les ménages, qui sont aussi travailleurs, et aussi d'une multitude d'entreprises. La théorie du commerce international doit, comme la théorie de l'équilibre général, du marché généralisé de Walras, dont elle épouse, et en un sens particularise, la démarche, élargir son analyse. De fait, dans la théorie du commerce international, comme dans le monde du marché généralisé de Walras, l'échange marchand permis par l'extension du commerce conduit à des situations qui exploitent tout le potentiel de l'économie (des situations « efficaces » au sens de Pareto dans le jargon). Au-delà de l'intuition initiale, c'est donc sa généralisation, le paradigme des gains de l'échange volontaire entre individus, étendu aux nations, qui alimente les convictions des économistes. Les bienfaits du commerce sont, dit Paul Samuelson, l'un des rares sujets sur lesquels l'opinion soit quasi consensuelle dans la profession, même, faut-il ajouter, si l'étendue desdits bienfaits laisse la place à une variété d'opinions. Paul Krugman, un temps avocat convaincu du libre-échange, assimile l'ouverture des frontières conduisant un pays à importer un bien à un coût inférieur à ce que serait son coût de production intérieur – disons, pour nous, le textile acheté en Chine – à une innovation technique qui permettrait le même abaissement de prix ! Image spectaculaire et pédagogique, même si elle mérite, on va le voir, quelque discussion.

La basse vient et revient, à la fois discrète et insistante, et l'arrangement est ici signé Heckscher et Ohlin[5]. Explicitons la métaphore : pour démêler l'écheveau compliqué de l'histoire économique de la globalisation au XIXe siècle, les économistes suédois Eli Heckscher et Bertil Ohlin avaient, après la Première Guerre mondiale, développé une idée simple : le commerce international est structuré et expliqué non par l'échange direct des biens, mais par l'échange indirect des facteurs de production qui servent à produire les biens échangés et dont les pays sont inégalement dotés. Ainsi faut-il voir, en filigrane du commerce entre l'Europe, qui importe des produits agricoles, et l'Australie, qui lui achète des produits manufacturés, son explication profonde, l'échange des facteurs – « *Australian land in exchange of European labor*[6] ». Derrière les apparences, le commerce visible portant sur les biens, se cache la réalité, le commerce invisible portant sur les facteurs. L'échange des biens va alors refléter la dotation relative en facteurs (la « dotation factorielle », dans le jargon) des échangistes, c'est-à-dire le fait que l'Australie est riche en terres et l'Europe en travail. Dès lors, la convergence des prix des biens échangés, stimulée par l'intégration des marchés de biens, suscitera la convergence du prix des facteurs : elle fera diminuer le prix (élevé en situation d'autarcie) d'un facteur dont un pays sera pauvrement doté et l'augmentera lorsque, au contraire, la dotation sera abondante. Le prix relatif de la terre, c'est-à-dire le ratio prix de la terre sur prix du travail, va augmenter en Australie et diminuer en Europe. C'est bien ce que l'on a constaté, on y reviendra. Autre conséquence incontournable : la distribution du revenu entre salariés et propriétaires terriens va se modifier dans des sens opposés sur les deux continents.

Le message est clair, sa couleur tire sur le gris et, à vrai dire, accentue le gris du leitmotiv, en l'inscrivant dans une temporalité plus courte. Le marché tend à exercer son plein effet sans requérir la pleine mobilité des biens et des facteurs, mobilité à laquelle notre premier examen de la tendance à l'universalité des prix faisait référence. L'extension du marché des biens constitue un substitut au moins partiel à la mobilité des facteurs. Ou encore, la seule concurrence sur le marché des biens crée une tendance à l'égalisation des coûts des facteurs, même lorsque ces facteurs sont complètement immobiles. La tendance s'inscrit déjà dans le temps court. Mais elle ne va pas nécessairement à son terme : elle conduit le plus souvent à une spécialisation qui en interrompt le mouvement. Mais elle s'applique aux rémunérations de tous les facteurs, et puisque ces facteurs se nomment « capital travail qualifié », « travail non qualifié », elle va affecter les niveaux et différentiels de salaires, et plus généralement la distribution du revenu. Nos salaires, et en particulier ceux des travailleurs non qualifiés, peuvent, si l'on commerce avec Pékin, être sinon fixés, du moins influencés par ceux de Pékin, et ce même si les travailleurs chinois ne se déplacent pas. Le savoir économique sur le commerce ne dément pas toutes les craintes de ceux qui redoutent d'être perdants. Il fait droit à la suspicion que véhicule le bon sens populaire : comme beaucoup d'autres sources de création de la richesse agrégée, le commerce international peut faire des gagnants et des perdants. Mais comment marier la cymbale et la basse ?

C'est là qu'entre le violon inquiet. Le rose l'emporte si les « gagnants », et, parmi eux, ceux qui bénéficieraient de la revalorisation du facteur dont ils sont détenteurs, peuvent compenser les « perdants ». Dans le cas contraire, c'est le gris, ou plutôt ce sont les gris, car le spectre en est large, qui prennent le dessus. Notons d'abord que la question : « Les gagnants peuvent-ils compenser les perdants ? » prend, de toute évidence, une acuité différente selon le rythme auquel prend place le glissement relatif des rémunérations des uns et des autres : dans une économie en croissance rapide, rapide par rapport au rythme de la déformation des rémunérations, les perdants ne seront pas des perdants absolus, mais des perdants relatifs, et la question de la compensation perdra de son acuité. Cette dimension temporelle n'est donc pas indifférente, mais revenons, en faisant abstraction de ce point, à la question de la compensation.

La réponse à la question: « Les gagnants peuvent-ils compenser les perdants ? » dépend de plusieurs paramètres, dont deux sont essentiels. Elle dépend d'abord de l'efficacité que l'on prête aux systèmes politiques et économiques de redistribution. Si la redistribution est sans coût économique – c'est l'idée associée au concept de transfert forfaitaire discuté dans la deuxième partie et que l'on mobilise implicitement ici –, alors les gagnants pourraient compenser les perdants. Autrement dit, on peut trouver des transferts qui compensent les perdants initiaux en laissant un profit aux gagnants initiaux ; le bien-être de chacune des parties à l'échange, c'est-à-dire en particulier celui des consommateurs-travailleurs, est susceptible d'être amélioré. Mais la réponse à la question dépend aussi de la sphère de la compensation : celle-ci s'opère-t-elle seulement à l'intérieur des pays participants ou aussi entre ces pays ? Si, à nouveau, le système de compensation est « efficace », au sens précédemment suggéré, et dès lors, point essentiel, que les facteurs de production sont immobiles, la compensation peut s'effectuer à l'intérieur de chaque pays partie à l'échange ; les transferts requis peuvent s'effectuer au sein des nations.

Ces cas de figures favorables font apparaître en contrepoint les cas défavorables. Si le système de compensation est peu efficace, et les systèmes réels le sont beaucoup moins que les transferts forfaitaires* de la théorie, alors, les gagnants, même si l'on souhaite qu'il en soit ainsi, peuvent ne pas être en mesure de compenser les perdants, et donc ne peuvent y être contraints. Qui plus est, si les facteurs sont mobiles – et aujourd'hui, le capital financier, et, par son intermédiaire, le capital physique, le sont de plus en plus –, la possibilité de compenser les perdants grâce à des transferts efficaces reste théoriquement ouverte. Mais cela appelle alors des transferts entre participants à l'échange qui traversent les frontières entre nations, une hypothèse qui n'est pas nécessairement réaliste (les travailleurs chinois gagnants compensant les travailleurs européens non qualifiés perdants !). C'est un enseignement de la théorie que nombre de zélateurs imprudents du laisser-faire oublient de souligner, du moins lorsqu'ils le connaissent. L'image spectaculaire et pédagogique de Paul Krugman, assimilant une importation d'un pays à bas salaire à un progrès technique, fait l'impasse sur les différences des mécanismes de compensation éventuelle des perdants qu'ouvrent l'un et l'autre des termes de l'alternative. Dans un cas, celui du progrès technique, les compensations internes au pays qui en bénéficie sont vraisemblablement possibles ; dans l'autre, l'importation, dès lors qu'elle est liée à des mouvements antérieurs de capitaux, la compensation appelle éventuellement des transferts internationaux, dont la mise en place est tout à fait irréaliste.

Ajoutons, pour un tableau complet des ombres et des lumières que la réflexion jette sur le commerce international, l'évocation d'une dernière lumière et d'une dernière ombre. Les analyses que nous avons esquissées sollicitent une version stylisée du marché, que l'on peut appeler « walrasienne ». La remise en question de certains aspects de cette stylisation, à l'image de ce que l'on a fait à la fin de la première partie, affecte l'analyse dans deux directions différentes. D'une part, l'extension du marché, dans un monde – qui est le nôtre – de coûts fixes, de produits différenciés et de progrès technique, a des mérites qui vont au-delà de l'échange des dotations factorielles à la Heckscher-Ohlin. Le commerce entre pays accroît la différenciation des produits, c'est-à-dire accroît la gamme offerte dans un type de produits (menant au remplacement, pour un même investissement en capacités de production, des Renault en France et des Volkswagen en Allemagne par des Renault et des Volkswagen en France et en Allemagne !). Il a aussi un rôle important, voire décisif dans la transmission internationale du progrès technique, en favorisant l'imitation ou l'osmose. Pourtant, dans ce registre, le rose qui vient d'être suggéré est teinté de gris. Une vieille critique de tonalité marxiste remet en cause les performances dynamiques de certains arrangements, efficaces dans le court terme, comme la spécialisation, mais problématiques dans le long terme : la logique de spécialisation serait alors désavantageuse pour les pays moins développés. Cette critique n'a jamais été réfutée de façon pleinement convaincante ; elle procède d'une intuition hétérodoxe dont on peut suggérer une traduction dans les termes de l'analyse qui vient d'être conduite. Ce qui est en cause à nouveau est la question des transferts qui transforment des gains présumés d'efficacité en gains universels de bien-être social. Ces transferts devraient parfois prendre la forme, largement irréaliste, de transferts entre pays, mais aussi éventuellement celle, encore plus irréaliste, de transferts entre générations.

Le message de la théorie est donc plus ambigu qu'on ne le dit généralement. Résumons le succinctement. D'abord, le commerce va accroître la richesse globale ; en d'autres termes, il va accroître le taux de croissance mondial. La conclusion emporte la conviction de la plupart des économistes, même si les raisonnements qui y conduisent font l'impasse sur un certain nombre de difficultés qui viennent d'être évoquées (logique de spécialisation sous-optimale, etc.), et en ignorent superbement d'autres (l'accroissement des difficultés de la coordination des anticipations dans un marché élargi, vaste problème qui n'est qu'évoqué ici). Ensuite, le commerce international a des effets sur la distribution des revenus, lesquels sont susceptibles d'engendrer des gagnants et des perdants. Enfin, les circonstances dans lesquelles la compensation des perdants par les gagnants est possible font l'objet de supputations. Mais cette compensation est de plus en plus problématique au fur et à mesure de l'accroissement de la mobilité des facteurs, en particulier du facteur capital. Elle est pourtant cruciale, entre autres pour l'équilibre social dans les pays riches, et ce d'autant plus que l'économie est stagnante et que les perdants relatifs deviennent des perdants absolus.

Les enseignements pour notre avenir

Les idées simples des best-sellers, le bonheur ou le malheur, ne tiennent pas dans l'Orient compliqué de la mondialisation. La compréhension de celle-ci doit solliciter toutes les ressources de l'histoire et de la théorie, des ressources que nous avons tenté d'explorer. Mais quels enseignements tirer de cette exploration pour notre avenir ?

Nous reviendrons d'abord sur la mécanique économique puis sur l'économie politique de la mondialisation.

La mécanique

Il y a dans la mécanique heureuse que nous prédisent les experts aux lunettes roses plusieurs grains de sable. Le plus inquiétant est celui qu'Heckscher et Ohlin avaient décelé : l'extension du commerce peut avoir des effets distributifs majeurs. Il nous faut donc d'abord revenir sur les effets Hekscher-Ohlin au sens large, c'est-à-dire sur les effets distributifs du commerce international, et nous interroger sur leur intensité historique. Commençons par le XIXe siècle, celui qui a nourri l'argumentaire initial. A-t-on observé une égalisation ou du moins à un rapprochement du prix des facteurs ? La réponse est oui : ce oui est spectaculaire si l'on considère la convergence des rentes foncières, le prix réel de la terre croissant considérablement aux États-Unis (+ 250 % sur la période 1870-1910) et plus encore en Australie (+ 500 %) et décroissant souvent en Europe (– 50 % en Grande-Bretagne sur la même période)[7]. Mais, comme il est normal dans une économie en croissance, c'est un effet Heckscher-Ohlin atténué, qui s'affiche mieux dans les prix relatifs des facteurs que dans les prix absolus, que l'on a souvent observé. L'analyse des migrations, de l'époque des politiques américaines accueillantes du XIXe siècle jusqu'aux *Quota Acts* du XXe siècle, fait, semble-t-il, bien ressortir la logique des variations des dotations factorielles relatives dans la dynamique des évolutions d'un salaire relatif croissant dans l'Ancien Monde, *labour abundant*, par rapport au Nouveau, initialement mal doté. Plus encore, la variation du ratio salaires sur rente foncière reflète bien, quels que soient les pays ou les groupes de pays considérés, les prédictions issues de l'analyse comparée des dotations factorielles.

Mais l'hypothèse Heckscher-Ohlin, qui fait bonne figure au XIXe siècle, n'est-elle pas caduque au XXe ? On ne saurait *a priori* s'en étonner : l'économie du XXe siècle est loin d'être identique à celle du XIXe : il est clair, par exemple, que la rente foncière a cessé d'être une variable économique essentielle. On sait également que le progrès technique joue aujourd'hui un rôle plus décisif qu'autrefois et que sa nature est significativement différente. De fait, l'hypothèse a perdu de sa séduction depuis qu'elle a été mise à mal par l'examen par Leontief des intensités factorielles des importations et exportations américaines dans l'après-guerre. Sa position dans les théories du commerce international s'est encore affaiblie depuis que la nouvelle économie du commerce international a mis l'accent sur des schémas alternatifs, que l'on a brièvement évoqués, qui ont le mérite de pouvoir expliquer le commerce intrabranches dont on sait l'importance aujourd'hui.

Les effets Heckscher-Ohlin, déterminants pour l'histoire du XIXe siècle, seraient devenus secondaires à notre époque. L'affaire paraît entendue, mais l'est moins qu'il n'y paraît. À vrai dire, la question des effets distributifs de l'échange international s'est trouvée au cœur d'un débat récent particulièrement vif. Celui-ci portait sur l'explication de la croissance des inégalités salariales au cœur de l'économie atlantique, aux États-Unis, dans les années 1980[8]. La détérioration relative du pouvoir d'achat du travail non qualifié vis-à-vis du travail qualifié, un phénomène qui touche d'abord les États-Unis, et de façon détournée l'Europe, est-il, ou non, une manifestation de l'extension géographique des échanges de biens ? Les économistes en ont discuté avec une passion qui reflétait l'ampleur des enjeux et de nombreuses études économétriques se sont essayées à faire le départ des multiples causes possibles du phénomène. Voici la conclusion provisoire : l'effet progrès technique, c'est-à-dire le fait que le progrès technique favorise le travail qualifié au détriment du travail non qualifié, domine largement l'effet contagion internationale du salaire. Cette conclusion exonère cependant moins qu'il n'y paraît la responsabilité du commerce dans la montée du phénomène : l'accélération du progrès technique a une forte dimension endogène, celle d'un choix de spécialisation en réponse aux conditions de la concurrence avec les pays à bas salaires. Cet ouvrage n'est bien évidemment pas le lieu de trancher ces questions qui relèvent du débat scientifique, et ce même si elles appartiennent aussi au débat politique. C'est du débat politique justement, de l'économie politique de la mondialisation dont nous allons maintenant parler.

L'économie politique de la mondialisation

Pour introduire ce débat, le XIXe siècle reste une source d'informations précieuses. L'épisode de l'abrogation des *Corn Laws* fut ultérieurement suivi du retour à des législations protectionnistes, celle de Méline en France, celles du second Bismarck, celui des années 1880, en Allemagne. L'opinion anglaise s'est elle-même retournée : Robert Peel, l'instigateur de l'abrogation des *Corn Laws*, s'est tardivement converti au libre-échange, finalement convaincu de son effet positif sur le niveau de vie des travailleurs ; cinquante ans plus tard, Chamberlain plaidait pour la préférence impériale avec un argumentaire opposé. Les évolutions constatées suscitent toutes sortes de questions : pourquoi la coalition protectionniste surprenante des junkers et de l'industrie lourde allemande s'est-elle défaite vers 1895 ? Plus généralement, la structure des coalitions politiques dans l'Ancien Monde – capitalistes libre-échangistes, propriétaires terriens protectionnistes, travailleurs hésitants – s'explique-t-elle par les intérêts des protagonistes et ses variations d'un pays à l'autre reflètent-elles la spécificité des structures nationales et des conditions économiques objectives ? Jusqu'où va la symétrie entre l'Ancien Monde, l'Europe, et le Nouveau Monde, les États-Unis, où les États du Sud sont libre-échangistes et ceux du Nord industriel protectionnistes ?

Sans prétendre répondre à toutes ces interrogations, le panorama qui vient d'être rapidement brossé suggère un premier constat : la globalisation déclenchée par les progrès du transport, stimulée par la diffusion des principes du libre-échange, marquée par des migrations sans précédent, a sans doute semé les germes de sa propre destruction. Elle a suscité une réaction endogène aux effets distributifs qu'elle avait créés ou fait percevoir. « *Manchester and the English political economists persuaded Britain, which persuaded Europe* », disait Kindleberger à propos du libre-échange. L'Europe dont il parlait se réduisait à une part de son élite économique et intellectuelle. Restait à persuader durablement le commun des mortels et l'électeur.

La mondialisation actuelle est-elle menacée du même sort ?

La question à l'examen renvoie à une « économie politique » qui conduit à distinguer les pays riches, le Nord, et les pays pauvres, le Sud.

Dans le Nord, les interactions entre un marché des biens qui devient mondial et des marchés des facteurs qui restent locaux affectent d'ores et déjà, et vont peut-être dominer dans le siècle à venir, notre destin économique. Déjà, dans les années 1970, la tension entre les secteurs de biens exposés à la concurrence internationale, où se manifestaient de façon privilégiée les pressions sur les marchés des facteurs, et les secteurs abrités, où la détermination des salaires échappait en partie à la logique concurrentielle, traversait notre vie quotidienne. L'opposition d'alors, entre secteur exposé et secteur abrité, que certains évoquaient en recourant à la métaphore militaire du « front » et de l'« arrière », est datée. Elle renvoie à un mode de transmission particulier des forces générales qui lient les marchés de biens et de facteurs, mais la logique à l'œuvre, celle d'un marché qui domine la volonté de ses acteurs, pris dans un piège d'effets non intentionnels, est similaire, même si elle prend des formes différentes : dans le marché mondial, il faut aujourd'hui délocaliser pour rester localisé !

La tendance porte en germe, comme le suggère la théorie élémentaire, l'accentuation de la spécialisation. Ne serait-ce pas aussi le salut ? Au Nord le high-tech, et, sous-entendu, les hauts salaires, au Sud le low-tech, et la perspective d'un rattrapage harmonieux. Le scénario est séduisant, mais loin d'être pleinement convaincant. D'une part, la « rente de l'innovation » qu'escompte le Nord, risque d'être dissipée par la concurrence en son sein, mais aussi par celle qui viendra des pays en développement, avides d'études scientifiques, boudées dans les pays riches. D'autre part, le scénario n'élimine pas le risque de voir s'opposer de plus en plus « gagnants » et « perdants ». Aujourd'hui, en Europe, chacun gagne aux tee-shirts chinois à bas prix, mais certains le paient d'un effort d'adaptation considérable, sans aucun doute très imparfaitement compensé. Plus encore demain, entre les non-qualifiés et les qualifiés, entre les « nomades » très éduqués, mobiles et adaptés à la mondialisation et les autres, le fossé risque de s'élargir et les inégalités de s'accroître. Si la plupart des économistes estiment cependant que les forces à l'œuvre sont bénéfiques puisqu'elles concourent à l'accroissement de la richesse mondiale, une minorité redoute le caractère aveugle du processus de distribution de ces gains et ses effets sur la distribution des revenus et, partant, sur la cohésion sociale dans les économies occidentales.

Mais l'économie politique de la mondialisation est loin d'être déterminée uniquement par le Nord. La Chine, l'Inde, pour ne parler que des géants, ont maintenant opté pour l'ouverture. Répudiant les penseurs marxistes qui leur disaient que l'échange était inégal, insensibles aux sirènes altermondialistes du Nord, ces pays, en tout cas leurs élites, percevant tous les bénéfices qu'ils peuvent en retirer, ont décidé de jouer le jeu du marché mondial. Grande nouveauté de la situation actuelle, le front s'est renversé : les craintes sont au Nord et l'espoir en partie au Sud. En partie seulement, car une partie du monde, l'Afrique en particulier, reste à l'écart du mouvement de progression de la richesse.

La mondialisation réduira-t-elle les inégalités entre nations, en accroissant les inégalités au sein des nations, et en particulier au sein des nations les plus développées ?

C'est un pronostic défendable, peut-être celui du « maximum de vraisemblance », au sens que les économètres donnent à cette expression. En tout cas, l'extension du commerce international agira aussi bien sur le montant de la richesse mondiale que sur sa distribution. Et faute d'un système politique attentif aux gagnants et aux perdants, les réactions de l'électorat peuvent, aujourd'hui comme hier, conduire à des retournements de grande ampleur sur les questions de commerce international. Celles-ci méritent attention, c'est le moins que l'on puisse dire.

Notes :

1. *Globalisation and History: The Evolution of a 19th Century Atlantic economy* (voir Bibliographie).

2. Paul Bairoch est spécialiste d'histoire économique (voir Bibliographie).

3. En anglais WTO, World Trade Organization.

4. Pour reprendre le titre d'une synthèse sur les effets de l'ouverture du commerce sur les salaires américains, parue dans une revue de haut prestige universitaire.

5. Même s'il a été repris par Stolper et Samuelson, ce dernier aussi expert, talent universel oblige, en basses qu'en cymbales.

6. « La terre australienne contre le travail européen. »

7. Cependant, le déclin des rentes foncières en Europe n'a pas toujours été absolu, notamment en France.

8. Voir Sociétal, 2000.

Le développement durable : le cas de l'effet de serre

« Le développement durable est celui qui répond aux besoin du présent sans compromettre la capacité des générations futures à satisfaire les leurs. » La formule, tirée du rapport de Mme Brundtland a fait le tour du monde. Elle a fait florès aussi, et le développement durable est devenu le point de fixation, un fil conducteur logiquement douteux mais symboliquement efficace de toutes sortes de préoccupations – environnement, santé, pauvreté – que la seule logique du marché semble incapable de prendre en compte. Vrai antidote ou simple leurre ? Le développement durable est surtout pour l'instant un sésame médiatique. Mais, dans leur diversité, les problèmes auxquels le concept fait écho, constituent une catégorie de défis auxquels les économies de marché sont confrontées. Dans cette catégorie large, dont on a dit l'unité problématique, nous concentrerons notre attention sur un des problèmes, assurément pas le moindre par son importance, et sans doute le plus emblématique, celui de l'effet de serre.

L'effet de serre : de quoi s'agit-il ?

Que savons-nous de l'effet de serre ? On rappellera brièvement l'essentiel en passant du registre le mieux établi au plus incertain.

La concentration de gaz carbonique dans notre atmosphère est passée de 280 – au début de l'ère industrielle – à 390 parties par millions en volume aujourd'hui : l'accroissement dépasse les 30 %. Cette montée de la concentration commence avec le début de la révolution industrielle ; elle est la conséquence du bouleversement de nos modes de production et de nos modes de vie. Les combustibles fossiles – charbon, pétrole et gaz – servent depuis cette époque à produire l'énergie utilisée par les transports terrestres (essence et gazole), une grande part de l'électricité et, plus généralement, l'essentiel de l'énergie mise à la disposition tant de l'industrie que des particuliers pour leurs usages domestiques (chauffage...)[1]. Pourquoi cette situation est-elle préoccupante ? C'est que le gaz carbonique est le principal responsable de l'effet de serre. L'atmosphère qui entoure la Terre piège, à la manière d'une serre, le rayonnement solaire grâce à la présence de gaz à effet de serre en son sein. Les deux plus importants, en termes de contribution contemporaine au réchauffement, sont le dioxyde de carbone – appellation chimiquement correcte du gaz carbonique (CO_2) – et le méthane (dont la formule chimique est CH_4). La longévité du gaz carbonique dans l'atmosphère – il a une demi-vie d'environ cent ans, contre une dizaine d'années pour le méthane – en fait le plus important sur la durée.

L'importance de l'effet de serre dans la régulation du climat de la planète a été soulignée depuis longtemps et en particulier, à la fin du XIXe siècle, par un physicien scandinave, Aarhenius. Cet effet n'est pas en soi maléfique, en son absence, la Terre serait assez inhospitalière, puisque la température moyenne s'y situerait aux alentours de – 18 °C. Pourquoi alors s'inquiéter ? D'abord, si le niveau contemporain de la concentration du gaz carbonique n'est pas inédit dans l'histoire de la planète, il faut quand même remonter (probablement) à – 16 millions d'années pour retrouver des concentrations analogues à la concentration contemporaine de gaz carbonique. Mais la comparaison des niveaux souligne en contrepoint le rythme de l'évolution : d'un côté, deux siècles de montée continue, de l'autre, plus de cent mille siècles de quasi-stabilité ou de mouvements extrêmement lents. Ensuite, la température moyenne de la planète s'est élevée de 0,5 à 0,8° durant le XXe siècle et le parallélisme des courbes des concentrations et des températures est extrêmement troublant !

Nous entrons ensuite dans des zones d'incertitude. La relation entre émissions de gaz à effet de serre, et de dioxyde de carbone en particulier, et concentrations atmosphériques est avérée mais ses modalités exactes restent incertaines. Par exemple, l'absorption du gaz carbonique par l'océan, et plus généralement les échanges tant thermiques que gazeux entre la Terre, l'océan et l'atmosphère jouent un rôle déterminant mais incomplètement élucidé dans la régulation des concentrations atmosphériques. Aussi la responsabilité des gaz à effet de serre dans l'évolution contemporaine du climat reste-t-elle controversée. Car la température de la planète est affectée par toute une série d'autres facteurs, et pour apprécier la part spécifique de l'effet de serre, il faut démêler divers effets souvent périodiques – les modifications de l'inclinaison de l'axe de la Terre ont de longues oscillations, l'activité solaire évolue selon des cycles de courte période. Subsiste donc une incertitude scientifique sur la part attribuable à l'effet de serre dans les évolutions climatiques récentes.

Cette incertitude est plus significative encore lorsqu'il s'agit de prédire les effets sur le climat dans l'avenir et les dommages qui peuvent en résulter. On le verra plus loin. Ajoutons que pour un scénario climatique donné, l'estimation des dommages est un exercice particulièrement difficile : comment évaluer la disparition probable des récifs de coraux ou le coût économique d'éventuelles migrations climatiques de grande ampleur ?

La stratégie économique des politiques climatiques

Voilà donc pour le diagnostic. En quoi l'économiste, l'économie et le marché sont-ils concernés ?

Inutile de redire que le problème n'est pas exclusivement économique. Dans la mesure où une modification des équilibres climatiques pourrait affecter, aussi peu que ce soit, la viabilité de notre vaisseau spatial, le problème fait écho au souci, que l'on peut appeler « métaphysique », du devenir de la planète. Il a des dimensions éthiques. La première est celle de la responsabilité historique des pays riches, particulièrement des plus riches et des plus pollueurs (les États-Unis, mais pas seulement), dans la concentration actuelle des gaz à effet de serre : comment éluder le problème moral du péril que fait peser le changement climatique sur certains pays pauvres comme le Bangladesh, menacé de submersion partielle ? Seconde dimension, les effets du changement climatiques seront essentiellement supportés par les générations futures et non par celles d'aujourd'hui. Quelle valeur attribuons-nous à leur bien-être ? L'économiste essaie d'éviter de se prononcer sur cette question, même si il est souvent accusé de le faire implicitement au travers des choix de taux d'actualisation.

Mais le regard économique sur le phénomène ne peut pour autant être éludé : le climat n'est-il pas, comme on l'a souligné dans la deuxième partie, l'archétype du bien collectif ? Et puisque la contribution d'une molécule de dioxyde de carbone à la concentration atmosphérique ne dépend pas du lieu où elle a été émise, ce bien collectif n'est-il pas global ou mondial ? Les émissions de gaz à effet de serre ne sont-elles pas des externalités négatives ou des pollutions ? Voilà donc la réflexion arrimée à des catégories de l'analyse économique, celles que l'on a associées plus haut aux « défaillances de marché » : on mobilisera plus loin cette réflexion. Pour le moment, soulignons seulement comment la stratégie de l'action contre l'effet de serre, disons la politique climatique, a nécessairement, quel que soit l'environnement social où elle va s'exercer, une dimension économique.

Cette dimension est reconnue dans les formulations canoniques du principe de précaution. Celui-ci stipule que « l'absence de certitudes, compte tenu des connaissances scientifiques et techniques du moment » – des attendus qui désignent, entre autres, l'effet de serre –, « ne doit pas retarder l'adoption de mesures effectives et proportionnées visant à prévenir un risque de dommages graves et irréversibles à l'environnement à un coût économique acceptable[2] ». L'injonction à évaluer le coût économique des mesures à prendre renvoie la balle dans le camp de l'économiste, fondé à y revendiquer une compétence particulière. De fait, le coût des politiques climatiques a suscité un travail de réflexion, et, en l'occurrence, puisque le problème requiert la mobilisation de toutes les ressources et informations dont nous disposons, de modélisation considérable[3].

L'économiste, sollicité pour l'évaluation des coûts, paraît aussi fondé à donner son avis sur ce qu'est un « coût économique acceptable ». L'acceptabilité d'une action à un moment donné s'évalue à l'aune de son inscription dans une stratégie de réponse cohérente au problème envisagé. L'étude de la stratégie est l'objet de l'un des chapitres de réflexion traditionnels de la discipline et de champs de réflexion voisins, comme celui de la décision sous incertitude.

« Incertitude » est ici un mot-clé. L'incertitude des conséquences de concentrations accrues est une donnée lourde du problème climatique : si le diagnostic sur les évolutions passées, on l'a dit, n'est pas pleinement assuré, l'incertitude sur l'avenir s'accroît d'autant plus que l'avenir est plus lointain. Le Groupe international d'études du climat (GIEC), l'instance internationale d'expertise sur l'effet de serre, indique, par exemple, une fourchette des effets sur le climat d'une multiplication par 2,5 de la concentration de gaz carbonique dans l'atmosphère par rapport à son niveau préindustriel – un niveau que les évolutions tendancielles pourraient nous faire rejoindre au début du siècle prochain. La prédiction de l'élévation de la température moyenne sur la planète en 2100 varie, selon les modèles, de 2,7 à 4,7 °C (un changement de la température moyenne de 3 à 4 °C est sans doute synonyme de bouleversement climatique). Il n'est pas interdit de penser que l'incertitude est plus grande encore qu'on ne le croit : les fourchettes des changements de température fournies par les modèles résultent d'un processus de confrontation qui tend à éliminer les extrêmes, c'est-à-dire les données les plus optimistes mais aussi les plus pessimistes.

L'incertitude est donc la variable clé de toute réflexion sur la stratégie des politiques climatiques. Évoquons deux dimensions essentielles.

Première dimension : une incertitude accrue implique-t-elle une action plus vigilante ? L'argument préféré des contempteurs des politiques climatiques, voire de certains « écolos qui doutent » (c'est la traduction que je propose du titre du best-seller de l'imprécateur B. Lomborg *The Skeptical Environnementalist*), est que l'incertitude sur les effets climatiques justifie l'inaction. L'argument est en général suspect et il l'est plus encore dans ce cas : une incertitude plus grande justifie souvent un effort plus grand.

Seconde dimension, celle de l'irréversibilité du phénomène. Même si l'on cessait, séance tenante, d'émettre tout gaz carbonique lié à l'activité économique – il faudrait pour cela revenir à la marine à voiles, au chauffage au bois et faire de la bicyclette le moyen de transport hégémonique –, sa concentration atmosphérique mettrait plusieurs siècles à revenir à son niveau préindustriel. Pratiquement irréversible à nos horizons de préoccupation habituels, la montée de la concentration atmosphérique des gaz à effet de serre peut même susciter une irréversibilité climatique plus forte encore, c'est-à-dire un changement subsistant même après le retour des concentrations atmosphériques à des niveaux antérieurs. Aux coûts directs de l'inaction, il faut ajouter des coûts indirects, ceux de la disparition des options de contrôle des concentrations, options dont un accroissement d'information pouvait montrer la nécessité. Et ce coût va s'ajouter aux coûts directs : c'est ce que l'on appelle la « valeur d'option ».

Les politiques climatiques dans une économie de marché : Kyoto or not Kyoto ?

La réflexion et la réflexion économique en particulier doivent être mobilisées pour penser une stratégie planétaire de lutte contre l'effet de serre qui intègre convenablement les données du problème et les incertitudes qui le dominent. Encore faut-il que cette stratégie puisse se concrétiser dans les cadres institutionnels et dans les économies dans lesquelles nous vivons. Telle est l'ambition du protocole de Kyoto qui tente d'organiser une politique climatique sur la planète. Signé à Kyoto en 1997, puis amélioré et finalisé lors des conférences ultérieures de La Haye, Bonn et Marrakech, il a défrayé la chronique de ces dernières années. Après la décision de l'administration Bush de ne pas le ratifier, l'accord entré formellement en vigueur le 16 février 2006, s'est dans les faits considérablement délité.

Le protocole de Kyoto a deux caractéristiques qui seront évoquées ici. C'est d'une part une tentative de mettre en place un instrument de « gouvernance » ; c'est d'autre part, un instrument qui se propose de conjuguer marché et écologie au lieu de les opposer.

Instrument de gouvernance, c'est-à-dire substitut à un gouvernement mondial absent. Quelle que soit l'adéquation du *package deal* Kyoto – une question qui a pris, depuis le retrait américain, un tour plus polémique –, quel que soit le devenir à court et à moyen terme du protocole, quelles que soient les informations que l'avenir nous apportera sur l'intensité et le déploiement temporel du risque climatique, on peut penser que le protocole de Kyoto restera dans l'histoire, au moins comme un exemple des tâtonnements inventifs que l'adaptation nécessaire des institutions aux besoins d'une économie mondialisée a suscités et va continuer de susciter.

Le protocole de Kyoto s'efforce de conjuguer marché et écologie : c'est du moins la manière dont on peut lire la novation la plus spectaculaire qu'il a introduite, le marché de permis d'émission. Pour en apprécier les dispositions, il convient de revenir à la discussion esquissée antérieurement à propos de la comparaison des outils des politiques de l'environnement. Les politiques environnementales diffèrent par les variables qu'elles s'efforcent de contrôler. Certaines jouent de façon privilégiée sur les prix, c'est le cas des politiques de taxation, d'autres sur les quantités, c'est le cas de la plupart des réglementations mais aussi des marchés de permis. En effet, un marché de permis fixe aux acteurs concernés – dans le cas de Kyoto, les pays signataires – des droits d'émission, on parle souvent de « quotas ». Chaque pays ne peut émettre au-delà de son quota que s'il obtient d'un autre participant une cession de droits : il devient alors acheteur sur le marché des droits. Parallèlement, le vendeur doit réduire ses propres émissions en dessous de la limite de son quota de droits initial défalqué de la quantité cédée.

La somme des droits accordés à l'ensemble des participants détermine ainsi le niveau d'émissions global.

La cible de la politique est une quantité, la politique est une politique de quantités et l'objectif qu'elle définit est en principe concrétisé, sauf dépassements qui appellent des sanctions. Une telle politique n'est bien sûr effective que si le niveau visé est inférieur à celui qui prévaudrait si aucune action volontariste n'était mise en place (le « fil de l'eau » ou le *business as usual*).

Il faut ensuite, deuxième variable de contrôle, répartir le quota global et le décliner en quotas individuels. Objectif global et déclinaison individuelle font référence, dans le cas du protocole de Kyoto comme dans beaucoup de cas de marché de droits, à la situation initiale : c'est ainsi que le protocole visait à une stabilisation des émissions de l'ensemble des pays participants à un niveau total inférieur d'environ 5 % à celui de leurs émissions de l'année 1990, quand le « fil de l'eau » aurait conduit à des émissions supérieures de 20 ou 30 %. Cet objectif global n'était, *de facto*, que la résultante des quotas accordés individuellement : – 5 % environ des émissions nationales de l'année de base.

Mais l'efficacité environnementale de la politique, dès lors qu'elle est effectivement mise en œuvre, est tout entière définie par la cible de réduction globale et ne dépend aucunement de sa répartition. Ce point est essentiel. La fixation des quotas individuels ne fait que déterminer la répartition du coût global, soit directement si les quotas ne sont pas échangeables, soit indirectement si un marché de permis conduit à une réallocation en principe mutuellement avantageuse desdits quotas. L'instauration d'un marché international de permis dans le dispositif Kyoto à partir du système de quotas nationaux initialement envisagé, qui fut à l'époque vivement critiquée en Europe, n'affecte donc pas la performance environnementale recherchée. À effort global donné, ce marché contribue en principe à diminuer le coût global de la politique climatique en transférant l'effort de là où il est le plus coûteux vers là où il est le moins coûteux. Chacun en principe bénéficie de la possibilité d'échanger et non, comme le débat public le laissait croire, les seuls acheteurs potentiels de permis, comme les États-Unis. La vraie question, celle de l'effort maximal qui peut être accepté par un pollueur, comme les États-Unis, renvoie au rapport de forces qui a cours dans la négociation multilatérale, dont tout laisse à penser qu'il est indépendant de l'existence ou non d'un marché de permis. Contrairement à ce que laissaient suggérer à l'époque certains arguments polémiques, le marché international des permis n'est pas, par nature, un moyen d'exonérer le pollueur. On peut même retourner l'argument : en abaissant les coûts, ce marché permet au contraire, à rapport de forces donné, d'accroître sinon le coût, du moins le quota qui peut être imposé au pollueur !

Comme les autres instruments dits « économiques », un marché de permis tente de concilier marché et écologie. Il n'est pas pour autant exempt de critiques.

Passons sur le procès d'intention que l'expression « marché des droits à polluer » fait sournoisement peser. Voilà donc l'instauration d'une autorisation payante de polluer, sous-entendu là où il y avait interdiction. La vérité est presque exactement l'inverse : presque tous les marchés de droits instaurés à ce jour substituent à une autorisation de polluer gratuite et parfois quasi illimitée une autorisation limitée et payante !

On peut juger qu'il contribue à une regrettable « marchandisation » de la nature ; mais sauf à récuser globalement le marché, comment concilier marché et écologie sans recourir aux outils fournis par le marché ?

Le fonctionnement d'un marché de permis à l'échelle mondiale tel que celui envisagé à Kyoto soulève en revanche des questions légitimes. Le succès d'expériences antérieures conduites aux États-Unis, où un marché de permis pour le dioxyde de soufre a fonctionné de façon satisfaisante et avec des résultats plutôt probants, n'est pas directement extrapolable. Tout laisse supposer qu'il faudra du temps et des tâtonnements considérables pour le faire fonctionner convenablement s'il est mis en œuvre un jour.

Par ailleurs, le protocole élaboré à Kyoto fixe un objectif quantitatif mondial de réduction. Il instaure, même si elle se décline souplement dans l'espace en fonction des marchés de permis d'émission et des quotas nationaux, ce que l'on appelle une « politique de quantités ». Une telle politique peut être jugée trop rigide dès lors que son coût est incertain, ce qui est le cas ici. Nombre de spécialistes ont fait valoir que le système serait amélioré si les prix du marché de permis étaient encadrés : un prix maximum constituerait ainsi une « soupape de sécurité ». L'idée de privilégier une taxation harmonisée du carbone à travers le monde, initialement écartée, est redevenue d'actualité. Le débat n'est sans doute pas clos.

Le protocole de Kyoto a bien d'autres insuffisances, auxquelles les politiques climatiques de l'avenir devront remédier si elles veulent être efficaces. Il laisse hors jeu les pays en développement, dont la contribution aux émissions, aujourd'hui minoritaire, deviendra majoritaire dans moins de vingt ans : concilier développement et écologie est plus difficile que concilier marché et écologie. Des solutions existent, même des solutions « Kyoto-compatibles[4] », mais ce n'est évidemment pas le lieu de les discuter en détail. Mais les mettre en œuvre, dès l'après-Kyoto (2012) est un défi proche.

Autre défi, technologique celui-là : la stabilisation des émissions au niveau requis pour la stabilisation des concentrations atmosphériques. Diviser par deux les émissions actuelles en 2050 dans un contexte d'activité doublée réclamera selon toute vraisemblance des innovations technologiques radicales. La pile à hydrogène constitue un substitut attendu des carburants classiques, encore faut-il trouver une source d'énergie non carbonée pour fabriquer l'hydrogène. D'où viendra-t-elle ? Photovoltaïque, séquestration du carbone, nucléaire de nouvelle génération sont sur les rangs mais les pronostics sur leurs chances de percée sont mal assurés. Kyoto, de ce point de vue, fait la part trop belle aux réductions par rapport à l'effort de recherche. Il ne s'agit pas de nier que le signal que la communauté internationale a fait passer en s'engageant dans un effort significatif de réductions des émissions soit essentiel : recherche et réductions sont complémentaires. Mais à effort économique et financier donné, il aurait fallu idéalement faire moins pour la réduction des émissions et plus pour la recherche. Nous voilà face au défi annoncé d'une « croissance sobre en carbone », défi passionnant et porteur d'espoir. Reste à la mettre en œuvre et à assurer les conditions de ce développement durable que chacun souhaite pour le siècle qui vient.

Notes :

1. Très grossièrement, les émissions de gaz carbonique se divisent en quatre parts approximativement égales : un quart pour l'industrie (22 % en France), un quart pour la production d'énergie (18 % en France, effet d'un parc nucléaire qui produit de l'électricité sans carbone), un quart pour les transports (34 % en France), un quart pour le résidentiel et l'agriculture (26 % en France). Le bilan global est spectaculaire : chaque Français contribue en moyenne à émettre chaque année dans l'atmosphère 1,7 t de carbone ! Mais la moyenne européenne est de 2,3 t. Aux États-Unis, la croissance est gourmande en énergie, laquelle est jusqu'à présent restée bon marché par consensus politique : résultat, 6 t de carbone rejetées par an et par habitant.

2. Texte de la loi Barnier, 1995.

3. C'est le moment de faire une brève publicité pour un petit ouvrage qui tente de faire le point sur cette question des coûts. Il s'intitule *Combattre l'effet de serre nous mettra-t-il sur la paille ?* et est paru dans une autre collection de vulgarisation des éditions du Pommier, « Les Petites Pommes du Savoir ».

4. On me pardonnera cet anglicisme que j'ai utilisé dans le rapport destiné au Conseil d'analyse économique : « Kyoto et l'économie de l'effet de serre ».

L'État en question

Marché et État sont deux modes à la fois antagoniques et profondément liés de régulation économique. Le débat sur leurs rôles respectifs apparaît en filigrane de toute la réflexion économique. Il est aussi présent, et d'une certaine manière plus que jamais, dans le débat politique.

Pour tenter d'en éclairer les développements contemporains, il convient d'en rappeler la toile de fond. Nos idées sur les mérites respectifs de l'État et du marché dépendent des représentations que nous en avons et des faits que nous observons. D'un côté, des représentations qui se déclinent en théories, de l'autre, les faits. Nous retrouvons le rythme binaire qui scande le développement de l'argumentation dans ce texte. Nous commencerons par l'évocation du premier terme.

L'État à l'épreuve des théories : l'imbrication des représentations intellectuelles du marché et de l'État

On a plaidé plus haut le caractère gémellaire de l'État et du marché : conception du rôle de l'État et compréhension du marché sont elles aussi jumelles. Toutes les analyses du marché, ses critiques, ses apologies, sont le plus souvent grosses de conceptions du rôle économique de l'État. La trilogie walrasienkeynésien-marxiste renvoie aux têtes de chapitre d'une classification qu'affectionnait, il y a cinquante ans, toute une vulgate de la pensée économique. Cette classification reflète une lecture parfois simpliste et superficielle de la coexistence des traditions dans la discipline, mais elle offre une première illustration de l'imbrication des représentations intellectuelles du marché et de l'État.

Les constructions d'inspiration walrasienne, que l'on a examinées en détail, constituent un cas d'école : la conception du rôle de l'État dont elles sont porteuses est inscrite en filigrane du fonctionnement du marché qu'elles dévoilent. Elles conduisent à faire crédit au marché, dès lors qu'il s'exerce dans les secteurs qui ne donnent pas lieu à un monopole naturel, pour allouer convenablement biens et facteurs. Au gouvernement d'assurer le contrôle de la gestion des secteurs à rendements croissants, la production des biens collectifs et la régulation des externalités, tous domaines où le marché est « défaillant ». À l'État aussi, d'agir sur la distribution du revenu, qui est censée se faire sans coût économique, et qui relève de ce fait d'une sphère du politique dissociable de la sphère de l'économique.

La tradition keynésienne met surtout l'accent sur la régulation du volume global de l'activité. La vision du marché qu'elle a véhiculée est différente de la vision walrassienne, et en tout état de cause plus partielle. Ses analyses ont cependant conduit à légitimer, au nom de leurs vertus conjoncturelles, la croissance des dépenses publiques dans l'après-guerre. L'intuition générale dont elle procède, les insuffisances de la régulation spontanée du marché, a dominé la pensée des générations européennes d'après-guerre et dominé la politique économique, bien au-delà de son segment conjoncturel.

La critique marxiste du marché semble la soustraire à l'examen conduit ici : elle dénonce le marché sans chercher en principe à l'améliorer et à le gérer. Mais comment ne pas voir se dessine, au moins en filigrane, le Gosplan, dans la vision du fonctionnement du marché qu'avait Marx[1] ? Dans l'univers qu'il décrit, les modes de production sont rigides, à « facteurs complémentaires » dans le jargon, et donc les choix des combinaisons des facteurs de production relèvent d'abord et presque exclusivement du déterminisme technique. C'est un univers aussi où la myopie des entrepreneurs – dans notre vocabulaire, leurs anticipations extrêmement « irrationnelles » – conduit inéluctablement à la crise de réalisation. Voilà un monde où le rôle d'aide à la décision de la coordination et de l'incitation des prix est quasi inexistant, où, plus encore les salaires, ne jouent qu'un rôle secondaire dans l'allocation des ressources mais biaisent la distribution en faveur d'une classe sociale, celle des capitalistes. Comment, dans un tel monde, la régulation centralisée des quantités ne feraitelle pas mieux que le marché ?

Cette interrogation ne vise pas à oblitérer la largeur de front de la critique marxiste du marché, qui va bien au-delà de la critique de ses performances économiques, et s'inscrit dans une conception plus vaste mais aussi plus vague de la société. C'est une caractéristique que le marxisme partage avec d'autres mouvements de pensée, dont les conceptions du marché sont elles aussi loin d'être strictement économiques. Évoquons d'abord la tradition sociale-démocrate puis la, ou plutôt les traditions que l'on peut qualifier de « libérales ».

La première comme les secondes rencontrent, on y reviendra, la tradition walrasienne, mais s'en dissocient dans plusieurs dimensions importantes.

La sensibilité que l'on a qualifiée de « sociale-démocrate », aujourd'hui en crise, a dominé la scène politique européenne après la Seconde Guerre mondiale. Les conceptions sociales-démocrates ne procèdent pas de constructions savantes mais d'une intuition dont on peut repérer trois linéaments : d'abord, elles acceptent le marché des biens mais manifestent de fortes réticences vis-à-vis du marché du travail ; ensuite, elles reflètent un grand scepticisme par rapport à ce que l'on peut appeler, exprimé dans nos termes, la « possibilité de séparation » entre efficacité productive et redistribution ; et enfin, elle met l'accent sur l'assurance sociale et le rôle de l'État dans sa promotion.

Venons-en à ou aux traditions qui mériteraient le qualificatif de « libérale » ? Il faut sans doute rappeler que le libéralisme économique, qu'on associe généralement aux noms d'Adam Smith et de David Ricardo en Angleterre, de Jean-Baptiste Say et de Frédéric Bastiat en France, se distingue du libéralisme politique, associé lui aux noms de Jeremy Bentham et d'Alexis de Tocqueville. L'un et l'autre ont en commun une réticence vis-à-vis d'une institution surplombante comme l'État, soit parce qu'il entrave le jeu anonyme du marché et de la concurrence, soit parce qu'il est susceptible d'attenter aux libertés individuelles. Libéralisme économique et libéralisme politique ont des racines communes[2], mais ne se confondent aucunement. Par ailleurs, les courants de pensée qui se réclament du libéralisme économique sont eux-mêmes divers. Si, à nouveau, une philosophie commune les réunit bien en amont, chacune de leurs expressions repose sur une conception du marché qui lui est propre.

Ce que l'on appelé l'« école autrichienne » a été l'une des matrices du libéralisme économique : son apologie du marché met l'accent, beaucoup plus que l'analyse qui en a été présentée ici, sur l'efficacité dynamique de l'institution. Le marché serait d'abord et essentiellement une instance de sélection efficace des entreprises performantes : tout ce qui entraverait son fonctionnement et son verdict serait donc nuisible. Mais les enseignements de cette école autrichienne ont connu de multiples déclinaisons : même si la plupart de ses avatars considèrent avec suspicion l'action de l'État et, souvent aussi, la redistribution du revenu que l'État social-démocrate met en place, chacun porte des jugements significativement différents sur tel ou tel sujet. Voici, concentré sur un seul sujet, celui de la régulation du marché, un échantillon de la diversité des opinions se réclamant haut et fort du libéralisme. Hayek, convaincu de l'incapacité de notre esprit à améliorer les institutions issues de la sélection naturelle, pourfend le volontarisme. Pour réguler le système productif, ses disciples contemporains récusent aussi bien les interventions de l'État que la plupart de celles des autorités de la concurrence. Un autre avatar du libéralisme autrichien, l'ordo-libéralisme allemand, l'*Ordnung Politik*, est né dans les années 1930 autour de l'école de Fribourg. Ce fut l'une des références de l'« économie sociale de marché », philosophie qui accompagna la marche du capitalisme rhénan d'après-guerre, et il eut une influence discrète mais sans doute considérable sur la mise en place des politiques de la concurrence européennes. L'ordo-libéralisme fait de la dispersion du pouvoir, tant économique que politique, un primat de l'organisation sociale. Le marché est alors un moyen, un moyen dont l'efficacité est d'abord appréciée à l'aune d'une fin qui n'est pas économique. À partir de prémisses parentes, néo-autrichiens que l'on pourrait appeler « orthodoxes », et ordo-libéraux portent des jugements radicalement opposés sur les mérites des politiques de la concurrence. Pour les uns, le contrôle des concentrations des entreprises par les autorités de la concurrence constitue une entrave à une logique de sélection naturelle que nous ne comprenons qu'imparfaitement mais qui est efficace ; ce contrôle est pour les autres un facteur essentiel de l'endiguement du pouvoir économique. Laquelle de ces positions est « libérale » ?

Il existe donc toute une variété de sensibilités se réclamant du libéralisme, le plus souvent éloignées aussi bien de la pensée walrasienne que de la pensée sociale-démocrate[3], mais aussi éloignées entre elles. Compte tenu de l'imprécision de l'usage, n'est-il pas malgré tout légitime d'adjoindre le qualificatif de « libéral » à ces traditions, la walrasienne et la social-démocrate, et de qualifier la première de « néo-libérale » et la seconde, par exemple, de « sociale-libérale » ? La question est partiellement sémantique : si accepter le marché jusqu'à un certain point est être libéral, l'adjectif devrait être appliqué aux deux traditions. En revanche, ni l'une ni l'autre ne sont libérales si l'on retient du libéralisme sa réticence, voire son aversion pour l'État. Elles le sont encore moins si l'on associe au libéralisme l'une de ses préconisations extrêmes, la mise en place d'un État minimal, limité à des fonctions régaliennes de maintien de l'ordre et de fournitures des infrastructures de base.

L'hésitation en dit long sur les imprécisions de l'usage. Mais mettre l'étiquette « libéral » à ceux qui ne la revendiquent pas est source de confusion. Sans doute vaut-il mieux reconnaître que la ou les pensées libérales sur l'État sont aux antipodes de la sensibilité sociale-démocrate traditionnelle, et que la démarche de Walras, qui reflète à la fois une sympathie pour le marché et un souci social, rencontre à la fois l'une et les autres mais sans s'y confondre aucunement.

L'État à l'épreuve des faits : les mises en question du XXe siècle

Ainsi assiste-t-on au retour en force dans le débat politique contemporain de représentations, on vient d'en évoquer certaines, qui affichent une grande confiance dans le marché et une réticence plus ou moins prononcée vis-à-vis des institutions de l'État social-démocrate. Ce retour en force n'est bien entendu pas l'effet d'une dynamique étroitement intellectuelle. Il se réclame d'une certaine pédagogie des faits, qui appellerait en retour des explications et remettrait en cause les solutions.

Parmi les faits, il faut distinguer ceux qui relèvent d'évolutions lentes, qui modifient progressivement notre vision de tel ou tel problème, de ceux qui affectent nos représentations de façon plus brutale. Les seconds sont ceux qualifiés ailleurs de « faits saillants et traumatiques » : « La crise de 1929, d'un côté, l'effondrement du mur de Berlin, signal de la fin du système soviétique, de l'autre, voilà deux faits qui ont dominé l'histoire économique du XXe siècle.

Le premier a suscité une méfiance durable vis-à-vis du marché, et largement imposé l'idée de la nécessité d'une intervention de l'État dans la régulation économique. Au contraire, le glas des solutions de planification centralisée que le second faisait proclamer *urbi et orbi*, a aussi, par effet de proximité, conduit à un discrédit de l'action gouvernementale dans les économies de marché[4]. »

Mais, quoi qu'il en soit de la pertinence du message que font passer les grands traumatismes collectifs, les mérites respectifs de l'État et du marché s'éprouvent aussi au jour le jour. L'observation des évolutions, des succès et des échecs de telle ou telle solution, modifie lentement la donne : ainsi, l'évaluation de l'utilité de l'intervention étatique dans un domaine donné n'est pas intangible, mais contingente aux modifications du contexte et de sa compréhension. L'altération des frontières du public et du privé pour la production de biens est l'illustration la plus frappante de cette remarque. Elle peut refléter des modifications technologiques. C'est le cas par exemple, on l'a dit, dans les télécommunications, où les évolutions techniques détruisent le monopole naturel et donc sapent les justifications à la prise en charge passée du secteur par l'État français[5]. Mais elle peut aussi faire écho à la complexification des besoins de la consommation de masse, à la diversité considérable des qualités que la technique moderne permet de mettre à la disposition de l'usager. Une démarche tutélaire, attentive aux secteurs de base, a souvent fait de l'État un pourvoyeur de biens de base, faiblement différenciés. Aujourd'hui, les besoins toujours plus diversifiés que la multiplication des biens et services fait apparaître deviennent de plus en plus insaisissables par une évaluation purement administrative. Comment, par exemple, alors que les moyens de transport concurrents se sont multipliés, décider administrativement des compromis entre les diverses caractéristiques (gains de temps, confort) entre lesquelles le consommateur tranchera ultérieurement ?

Le colbertisme à la française visait la réalisation d'objectifs technologiques ambitieux, particulièrement dans les secteurs de base et l'industrie lourde. Sans chercher à faire un bilan des politiques industrielles qu'il a suscitées, on peut noter que les ingénieurs d'élite qui peuplaient les entreprises concernées ont obtenu des succès spectaculaires dans le domaine des techniques lourdes – le train, l'avion, le nucléaire – mais échoué dans l'industrie informatique. Si la formule paraît séduire de moins en moins, c'est sans doute, nous y reviendrons, parce que son espace national est devenu trop étriqué. Mais aussi parce qu'elle est moins adaptée à notre monde, un monde où les marchés financiers sont développés, où la concurrence est exacerbée et où la rapidité de réaction à un monde mouvant, l'opportunisme apparaissent parfois plus décisifs que la vision à long terme. Ces réserves sur l'action publique ne doivent cependant pas être exagérées. Le fait que des politiques industrielles nationales soient devenues inefficaces ne signifie pas qu'elles le seraient au sein d'un espace plus large, par exemple sous l'égide d'un très hypothétique gouvernement mondial ; et la capacité des marchés financiers à prendre en compte le long terme, comme c'est nécessaire par exemple dans le domaine de l'énergie, est, à tout le moins, loin d'être établie.

Résumons ce point : les frontières entre public et privé pour la production de biens et services (et cela inclut éventuellement les services éducatifs, et ce d'autant plus qu'ils visent à diffuser un savoir différencié et évolutif) ne sont pas intangibles. La tendance actuelle à la réduction de la sphère de production publique reflète à la fois l'hégémonie consumériste et l'accessibilité aux marchés financiers. C'est une tendance lourde, non un effet de mode, même si elle s'exerce inégalement selon les secteurs.

L'État en question : le retrait de l'intervention sur la production, jusqu'où ?

Le retrait de l'État de la sphère productive est donc un mouvement de fond, justifié par des raisons objectives. Cela dit, jusqu'où doit-il aller ? La question est au cœur de l'un des mouvements contemporains les plus notables dans l'Europe de la fin du XXe siècle, celui de la montée en puissance des politiques de concurrence.

Les politiques de la concurrence sont nées aux États-Unis à la fin du XIXe siècle : traduction politique d'un mouvement populiste qui s'inquiétait de la montée de la puissance économique des grandes entreprises constituées en trusts, le *Sherman Act* (1890) énonçait dans ses deux premiers articles : « Tout contrat, toute association sous forme de trust ou autrement ou toute entente en vue de restreindre les échanges ou le commerce entre les différents États de l'Union ou avec les pays étrangers sont déclarés illégaux » (article 1) ; « Toute personne qui monopolise, tente de monopoliser ou participe à une association ou à une entente avec une ou plusieurs personnes, en vue de monopoliser une partie des échanges ou du commerce entre les différents

États de l'Union, ou avec les pays étrangers, est considérée comme coupable d'un délit» (article 2). Les bases juridiques de la politique de concurrence ont été complétées par le *Clayton Act*, qui explicite les pratiques prohibées – discrimination par les prix, les accords de distribution exclusive –, et introduit la possibilité de poursuites devant les juridictions civiles, mais aussi, et surtout, met en place un contrôle juridique des concentrations réalisées par achat d'actions. Enfin, l'édifice institutionnel de la politique a été complété par le *Federal Trade Commission Act* (1914), qui a conduit au partage des responsabilités entre une autorité administrative indépendante de l'exécutif, la Federal Trade Commission (FTC), et une autorité publique représentée par la division Antitrust du Department of Justice (DoJ).

En 1957, presque trois quarts de siècle après le début de l'essor de leurs homologues américaines, le traité de Rome, point de départ de la construction européenne, donnera lui aussi un rôle essentiel aux politiques de la concurrence.

L'objectif explicite, étroitement associé à la construction d'un marché commun, était de ne pas laisser les entreprises recréer des obstacles de nature privée entre les États membres, là où le traité levait les obstacles publics. C'est donc le commerce entre les États membres qui est le fondement explicite des articles 81 et 83 du traité, exprimé en des termes très voisins de ceux des attendus du *Sherman Act*: par exemple l'article 81.1 du traité CE interdit « les accords entre entreprises, les décisions d'associations et toutes les pratiques concertées qui sont susceptibles d'affecter le commerce entre États membres et qui ont pour objet ou pour effet d'empêcher, de restreindre ou de fausser le jeu de la concurrence». Le mimétisme de la rédaction des articles 81 et 83 et des articles 1 et 2 du *Sherman Act* n'est évidemment pas un hasard : il traduit sans doute le prestige du modèle américain pour l'Europe de l'époque, mais aussi l'influence discrète de la musique voisine mais distincte de l'ordo-libéralisme allemand[6], que l'on a évoqué plus haut.

L'histoire des politiques de la concurrence aux États-Unis et en Europe mériterait de longs développements. À même cause, mêmes effets : de part et d'autre de l'Atlantique, la politique de la concurrence jouit maintenant d'institutions stabilisées : aux institutions fédérales américaines fait pendant, à Bruxelles, la direction de la Concurrence, qui, à l'occasion de la décentralisation de certaines de ses prérogatives, a renforcé, depuis 2004, son rôle stratégique à la tête du réseau européen de la concurrence. La prééminence de cette direction sur ses voisines constitue le symbole le plus évident du succès de la communautarisation des politiques européennes de la concurrence.

Le développement des politiques de la concurrence aux États-Unis et, à la suite, en Europe met en cause de façon assez profonde certaines conceptions traditionnelles du rôle de l'État dans le contrôle du fonctionnement du système productif, en tout cas, celles de la tradition sociale-démocrate et plus encore celles de la tradition colbertiste française.

Le dépaysement a une dimension culturelle. Juristes et institutions juridiques ont traditionnellement une influence et une aura très supérieures de l'autre côté de l'Atlantique et sont considérés comme des arbitres légitimes pour trancher des questions qui, de ce côté de l'Atlantique, ont souvent été considérées comme relevant des prérogatives des institutions de la démocratie représentative. Une plus grande confiance dans le droit, une méfiance plus répandue vis-à-vis de l'intervention de l'État expliquent à la fois l'essor américain des politiques de la concurrence[7] et leur étrangeté à l'aune de la culture politique et économique traditionnelle d'une partie de l'Europe.

Au-delà de cette sensibilité culturelle se cachent des problèmes substantiels.

Édicter des règles du jeu – règles du jeu dont une économie de marché a besoin –, en confier la vérification à une instance indépendante, placée sous contrôle juridique : voilà qui est apparemment naturel et qui n'attente pas aux prérogatives de l'État, qui, lui, peut fixer et amender lesdites règles du jeu[8]. Le problème tient à la très grande latitude – ou discrétion – dont bénéficient les autorités en charge de la concurrence dans l'interprétation de textes qui sont fondamentalement vagues. Cette discrétion est elle-même fondée sur des considérations solides : des règles *per se*, « en soi », conduiraient à trancher de façon beaucoup trop rigide face à la diversité considérable des situations. Il faut donc adopter une « règle de raison », c'est-à-dire peser le pour et le contre. Les politiques de la concurrence sont dotées d'institutions qui ont le pouvoir de peser le pour et le contre, dans le cadre de procédures adaptées et soumises à un contrôle juridique. Là où le bât blesse, c'est que le pour et le contre doivent être pesés sur des balances compliquées, où jouent à la fois les objectifs retenus et la mécanique complexe qui détermine les effets. Les objectifs des politiques de la concurrence sont malléables, ou en tout cas font l'objet d'interprétations variées selon les commentateurs. Voici les trois registres préférés de l'interprétation : maximisation du volume et de l'amplitude de l'échange, – c'est l'explicitation la plus naturelle des textes fondateurs – ; défense du consommateur[9], qui peut mettre l'accent sur le court terme ou sur un terme plus éloigné ; défense de l'intérêt général, lui-même mal défini, mesuré dans les cas d'école éventuellement comme la somme, avec des pondérations éventuellement différentes, du surplus du producteur et du surplus du consommateur[10]. La décision ne sera pas, dans nombre de cas, indifférente au choix de l'un ou l'autre de ces objectifs. Si, dans le court terme, la jurisprudence n'autorise pas une variation erratique des critères de décision, le cahier des charges des autorités de la concurrence les laisse, semble-t-il, largement ouverts à moyen terme.

Il y a une autre difficulté : même si les objectifs à l'aune desquels le verdict doit être rendu étaient exactement définis, les effets des mesures envisagées – par exemple, la définition d'un territoire exclusif, les effets d'une concentration sur les prix et sur l'efficacité du groupe ainsi créé, les effets d'un accroissement du profit sur l'investissement et l'innovation – relèvent d'une évaluation, où ce que l'on appellera plus bas les « défaillances du savoir » sont légion. Le savoir dont il s'agit est bien entendu un savoir économique et les économistes ont fait en sorte que leur voix soit entendue : de fait, les verdicts des autorités de la concurrence font référence, et l'ont fait de plus en plus dans un passé récent, à l'évaluation économique. Cette évaluation est cependant moins assurée que ce que les consensus, au moins partiels, des économistes spécialisés du domaine de la concurrence laissent suggérer. À vrai dire, même en faisant abstraction des analyses de la tradition marxiste, hostile à la concurrence plus encore qu'au marché, le sujet est l'un de ceux sur lesquels le spectre des opinions des économistes a été historiquement assez large[11]. Par ailleurs, malgré les progrès incontestables et parfois spectaculaires qu'elles ont apportés à la réflexion économique, les analyses de l'*industrial organisation*, qui fondent les convictions des économistes spécialisés, souffrent de plusieurs limitations. D'une part, elles restreignent leurs analyses aux effets sectoriels des mesures, laissant dans l'ombre des effets systémiques éventuellement plus importants – un exemple parmi d'autres, mais socialement sensible, est fourni par les interactions entre la concurrence sur le marché des biens et la concurrence sur le marché du travail. D'autre part, et cette critique est moins contestable que la première, leurs conclusions sont souvent peu robustes aux variations des hypothèses.

Même dans les domaines spécifiques et bien balisés de l'économie industrielle, les « défaillances du savoir » sont la toile de fond de la discussion. En voici deux exemples. Dire qu'il y a un consensus des économistes par exemple sur la taille souhaitable des entreprises, selon le secteur considéré, est très exagéré. Autre exemple, les effets de la concurrence accrue sur l'innovation font l'objet de débats : les effets anti-innovation, schumpétériens, d'une concurrence accrue qui détruit *ex post* la rente d'innovation, doivent être mis en balance avec l'incitation à l'innovation, échappatoire *ex ante* à ladite concurrence. L'effet global est incertain puisque chacun de ces effets, le négatif ou positif, s'accroît avec l'intensité de la concurrence. Les études les plus récentes, dont les conclusions doivent être prises avec la précaution que requièrent des travaux en discussion, suggèrent que niveau d'innovation et intensité de la concurrence sont liés par une courbe en U inversé. L'innovation serait, à faible niveau de concurrence, corrélée positivement avec l'intensité de la concurrence, mais à partir d'un certain niveau, elle décroîtrait lorsque l'intensité de la concurrence augmenterait. La concurrence optimale, évaluée dans cette dimension de l'innovation, ne serait pas la concurrence maximale, mais une concurrence médiane, également éloignée des extrêmes. On peut penser qu'il en va de même dans d'autres dimensions pertinentes à l'analyse globale de la concurrence.

Revenons sur l'ensemble de la discussion. Autant le flou des objectifs évoqué plus haut paraît à porter au débit des institutions de la concurrence, puisqu'il conduit à trancher de questions qui relèvent en principe, du moins dans notre culture, de la décision démocratique, autant la défaillance du savoir n'est pas à mettre au débit des autorités de la concurrence. Un gouvernement ayant à trancher des mêmes questions ferait face à la même incertitude. Mais la juxtaposition du flou des objectifs et de l'incertitude des argumentaires laisse sceptique sur les vertus d'une trop grande indépendance des institutions de la concurrence vis-à-vis des institutions politiques[12].

Les inconvénients de cette situation sont beaucoup plus nets en Europe qu'aux États-Unis. Aux États-Unis, la politique de la concurrence est certes soustraite à une influence politique directe mais c'est une politique fédérale qui coexiste avec d'autres politiques fédérales, en particulier une politique de l'innovation qui met en œuvre des moyens importants pour stimuler la recherche dans les grandes entreprises. Politiques de l'innovation et politiques de la concurrence peuvent entrer en conflit, mais il s'agit de conflit entre acteurs de stature identique. En Europe, au contraire, dans les faits – mais ces faits traduisent l'accent mis par les textes fondateurs, où, comme le dit le texte de la note 6 ci-après, « la concurrence [s'est] vu accorder dès le début une importance si grande [...] qu'elle [a] presque joué le rôle de fondement du traité CEE » –, seule la politique de la concurrence, a une légitimité communautaire. Politiques de l'innovation, politiques industrielles ne sont pas en principe interdites aux États, mais elles le sont souvent *de facto* puisque, en cas de conflits, et ces conflits sont inévitables, la prééminence des dispositions qui ont valeur communautaire fait prévaloir la logique de la concurrence. La prééminence de la direction de la Concurrence, évoquée plus haut, n'est qu'une conséquence de cette situation. Il en résulte un déséquilibre qui n'existe pas aux États-Unis. Ce déséquilibre ne reflète que secondairement l'attirance de l'Europe pour une version intégriste de la politique de la concurrence au moment où les Américains l'assouplissaient. Il écartèle l'Europe, en semblant la contraindre à choisir entre Charybde et Scylla. Charybde, c'est abandonner toute politique vigoureuse de l'innovation et toute politique industrielle, ce que préconisent certains par ailleurs ; Scylla, c'est confier à la direction de la Concurrence le maintien de la prise en compte minimale des considérations industrielles et d'innovation, au risque de concentrer toute la politique européenne de la production en un lieu soumis à un contrôle fort distant des États et des citoyens. Ajoutons, même si cela nous éloigne de notre propos, que cette polarisation de l'Europe sur les politiques de la concurrence a l'effet (politique) d'associer l'identité européenne à la concurrence : le consommateur européen fait une vertu cardinale de la concurrence « libre et non faussée », une vertu qui peut sembler insuffisante au citoyen européen et que le travailleur européen peut, à tort ou à raison, considérer comme menaçante... On sait maintenant que le risque politique de cette identification n'était pas mineur.

Cette incursion dans les politiques de la concurrence nous a introduits dans les arcanes de quelques-uns des problèmes les plus difficiles des États modernes, qui délèguent certaines prérogatives dont ils sont démocratiquement garants à des institutions indépendantes. Elle nous ramène, par un chemin détourné, à la globalisation, une autre tête de chapitre de cet ouvrage. Les problèmes de la politique européenne qui viennent d'être évoqués mettent l'accent sur la difficulté à concevoir un échelon intermédiaire entre l'échelon national et l'échelon mondial, l'échelon d'un continent comme l'Europe, un sujet qui reviendra en pointillé un peu plus loin. Autre aspect de la globalisation qui apparaît en filigrane de la politique de la concurrence : les entreprises multinationales opèrent dans des pays et sur des continents différents : leurs opérations de fusions-acquisitions concernent donc toute une série de pays, et hors d'une attitude coordonnée des entités concernées, cette situation conduirait au tohu-bohu. Comment l'éviter ? Les autorités américaines et européennes de la concurrence tirent leur force du caractère coopératif du duopole qu'elles constituent, de fait, en matière de contrôle des fusions-acquisitions. Cette situation renforce la position de chacune à l'intérieur de sa juridiction, mais est-elle stable, compatible avec l'arrivée d'un troisième larron ? Voilà une autre dimension des politiques de concurrence qui fait écho aux difficultés d'adaptation non seulement des États mais aussi des groupes d'États face à la globalisation, et qui suscite de nouvelles questions.

L'État en question : le retour du débat intellectuel

Les évolutions évoquées, les dynamiques croisées des représentations intellectuelles et de l'histoire économique ont relancé le débat sur le rôle de l'État. Comme à l'habitude, la discussion est revenue à la fois sur l'utilité de l'intervention et sur sa viabilité, deux sujets que l'on peut évoquer de façon séparée.

L'utilité de l'action publique d'abord : l'accent est mis ici sur la force des arguments intellectuels en faveur de l'intervention. La discussion tient compte des variations éventuelles de la capacité d'intervention des organisations publiques, mais sans remettre en cause ce que l'on a appelé plus haut, nous y reviendrons, leur « bienveillance ».

Sans remettre en question l'ambition de cohérence intellectuelle que portent les schémas de filiation walrassienne, l'effort analytique de compréhension des mécanismes du marché, qu'on a longuement présenté, a conduit à en amender les leçons. L'enrichissement de la vision du marché qu'a produit l'activité réflexive a, il faut le souligner fortement ici, non pas raccourci mais allongé la liste de ses dysfonctionnements. Aux défaillances de marché au sens strict, examinées dans la première partie de cet ouvrage, est venue s'ajouter une liste de défaillances de marché au sens large, évoquées à plusieurs reprises dans la deuxième partie. En voici un échantillon, parmi les plus paradoxales ou les plus spectaculaires, et faisant référence à la distribution du revenu et au calcul économique. La distribution du revenu, dans des économies à rendements croissants mais aussi dans maintes autres circonstances, peut affecter non seulement la distribution du gâteau mais aussi sa taille. Le revenu ne peut être redistribué de façon forfaitaire et, donc, la redistribution se joue bien sur le terrain d'une fiscalité qui a un coût économique, et qu'il faut mettre en regard d'objectifs sociaux. Qui plus est, hors des cas où prévalent les conditions qui déterminent la désirabilité de l'« efficacité productive », la redistribution se joue aussi le marché des facteurs[13]. Voilà qui conforte un peu plus l'intuition, qualifiée il y a un moment de « sociale-démocrate ». Pour ce qui concerne le calcul économique, on sait que, en général, les prix du marché ne fournissent qu'une approximation grossière des coûts sociaux sur lesquels il faudrait idéalement fonder le calcul économique. Enfin, et il faut s'arrêter, tant les modalités de la diffusion du progrès technique au travers d'externalités de connaissance que le rôle de l'éducation dans la croissance – tous domaines dans lesquels le marché est défaillant – sont mieux compris.

Une meilleure compréhension des mécanismes du marché élargit donc le registre de ses défaillances. Cet élargissement semble dessiner une extension des contours légitimes de l'intervention de l'État. Les conclusions sont en fait plus ambiguës car la réflexion sur l'élargissement de la catégorie des défaillances du marché s'est accompagnée d'une mise en cause de l'hypothèse d'omniscience sur laquelle s'appuyait l'analyse de l'intervention. Le gouvernement, le planificateur, étaient traditionnellement crédités d'une supériorité quant à la compréhension des mécanismes, ce qui était plausible, mais aussi quant à l'accès à l'information pertinente, ce qui l'était moins. À vrai dire, les conséquences de cette hypothèse d'omniscience comme l'équivalence de la planification centralisée et du marché qu'elle suggérait étaient *a priori* suspectes. Mais pour que la foi perdue dans les mérites de la planification centralisée soit rationalisée de façon cohérente, à défaut d'être complète, il a fallu attendre une meilleure compréhension des asymétries d'information. Comme on l'a souligné dans la deuxième partie de ce texte, l'appropriation décentralisée de l'information sur les technologies et/ou les préférences donne à la planification un handicap informationnel. Ce handicap n'invalide pas l'action publique, il en modifie les formes, l'incitation plutôt que la commande directe. Comme on l'a déjà vu plus haut, le marché apparaît alors comme un mécanisme d'incitation parmi d'autres, dont les mérites sont éventuellement accentués par la juxtaposition d'actions centralisées complémentaires.

Justifications à l'intervention multipliées, formes modifiées et plus réalistes : ce constat n'épuise pas le sujet, car les contre-performances du marché que l'approfondissement de l'analyse suggère sont difficiles à inventorier et à corriger. Très souvent, le sens des actions correctrices est ambigu et, hors de toute incertitude sur les objectifs, met en cause non seulement éventuellement la fragilité des connaissances accumulées sur les coefficients numériques mais aussi la fragilité des connaissances accumulées sur les mécanismes. Une certaine maîtrise intellectuelle du système, qui légitime l'action centrale, est elle-même mise en cause. La défaillance du marché se double d'une « défaillance du savoir ».

Nous sommes passés de façon insensible de la discussion sur l'utilité à celle sur l'efficacité. Mais nous en sommes restés à l'examen de la dimension intellectuelle de l'efficacité, de l'utilité de l'intervention, compte tenu des informations et des connaissances dont dispose l'État. Dans un registre différent, disons celui de la viabilité de l'intervention, la discussion sur l'efficacité a été marquée par la revivification de traditions suspicieuses vis-à-vis de l'État. Superficiellement, celles-ci peuvent sembler se contenter de stigmatiser les dysfonctionnements des bureaucraties étatiques, en y dénonçant l'ombre portée des dysfonctionnements de l'économie soviétique. Mais elles cherchent à saper plus profondément les bases de l'action de l'État. Leur critique la plus radicale vise ce qui a longtemps été l'axiome de base de toute l'économie publique, à savoir la bienveillance supposée du planificateur ou du gouvernement. À l'action publique vue comme recherche de l'intérêt général, le soupçon substitue l'action publique détournée. Ce détournement peut prendre de multiples formes. D'abord, les offices gouvernementaux sont « capturés » par ceux dont ils ont la charge. Ce thème de la « captation[14] », d'abord décliné à la lumière de l'expérience des organismes américains en charge des régulations sectorielles, a été transposé, souvent sans la prudence ni la finesse nécessaires, à la tutelle à la française des entreprises nationalisées. Mais d'autres institutions de ce pays se sont retrouvées en première ligne d'une critique analogue : au clientélisme prêté par ses détracteurs au ministère de l'Agriculture fait écho, pour le ministère de la Culture, le procès instruit avec une éloquente véhémence par Marc Fumaroli[15]. Autre registre de la critique, les lobbies font passer des législations favorables à leurs intérêts, les politiques ont des agendas personnels… *Last but not least*, l'intérêt public est sacrifié à l'intérêt des agents publics qui l'utilisent comme alibi. Il y a dans ces critiques une part de vérité et une part partisane. Est partisane la thèse qui transparaît souvent en filigrane, à savoir que le marché est la seule instance légitime de solution des conflits distributifs, et que l'intrusion de tout intérêt particulier dans la décision collective est illégitime. Comme si la somme des intérêts particuliers, si elle n'est pas l'intérêt général, n'y participait pas. Comme si ce n'était pas la perversion de l'intérêt général par les intérêts particuliers qui devait être démontrée. La part de vérité, c'est que le détournement de l'action publique, qu'il s'effectue au profit de ses usagers, de ses bénéficiaires ou de ses agents mérite examen. Examen théorique d'abord : là, la critique de l'État devient la critique de l'État comme organisation et c'est donc l'État comme organisation que nous allons examiner.

L'État comme organisation : marché, entreprise et État

Pour apprécier l'État comme organisation, sans doute faut-il, paradoxalement, le mettre en regard d'une autre organisation, qui lui est concurrente, l'entreprise. Toutes les sociétés modernes ont combiné marché et organisation. L'entreprise est au cœur est de ce dilemme. Au sein du marché, elle constitue une enclave d'organisation, c'est-à-dire un espace où les relations entre les parties ne sont qu'indirectement soumises à la logique marchande. Sauf à être divisée en centres de résultats plus ou moins autonomes, qui deviennent eux-mêmes alors des mini-entreprises, l'entreprise constitue une entité comptable. Les structures de commandement, les procédures de décision, la nature des contrats entre les différentes parties reflètent une logique qui n'est pas sans analogie avec celle des organisations administratives, même si l'environnement marchand en influence la conception. Métaphoriquement, l'entreprise est un îlot d'organisation dans un océan de marché. Mais comment alors expliquer la taille de l'îlot, la forme de ses rivages ou, pour abandonner la métaphore, les frontières de l'entreprise ? Pourquoi observe-t-on des entreprises verticalement intégrées dans tel secteur et pas dans tel autre ? Pourquoi des sous-traitants ici et pas là ? Voilà des questions passionnantes que l'on ne fera qu'évoquer. Soulignons seulement que les marges de manœuvre de l'entreprise comme organisation sont sévèrement limitées par le marché. Les images d'Épinal de la grande entreprise comme centre de pouvoir occulte, manipulant en coulisses la société civile sont clairement alimentées par la crainte suscitée par la puissance financière de quelques multinationales, qui excède parfois celle d'États. Pourtant, quelle que soit la taille de l'entreprise, sa surface financière, elle, ne fait le plus souvent qu'exploiter un « pouvoir de marché », comme disent les économistes. Ce pouvoir de marché, sauf entrave à la concurrence, n'est pas intangible mais révocable. Contrairement à certaines idées reçues, c'est le marché qui domine l'entreprise, et non l'inverse. Pour parodier Adam Smith, ce n'est pas de la bienveillance du patron qu'il faut attendre des produits nouveaux, mais il est aussi vain de voir de la malveillance dans les restructurations qui accompagnent l'arrivée de ces nouveaux produits.

Mais l'autonomie de l'entreprise, en particulier de la grande entreprise, est aujourd'hui mise en cause, par un courant de pensée tout différent, qui la juge trop indocile aux intérêts de ses propriétaires-actionnaires. Les managers sont accusés de jouer de leurs marges de manœuvre, pour, selon l'argumentaire, construire des empires, se ménager une vie tranquille et, en un mot, comme en cent, ne pas tout subordonner à l'accroissement de la valeur boursière. Pour se justifier, lesdits managers font parfois valoir que les gestionnaires de l'entreprise ont des comptes à rendre non seulement aux actionnaires mais aussi à d'autres ayants droit, ses salariés par exemple. Cet argumentaire ne résiste pas à des thérapies de choc : la plus efficace est d'agir sur la rémunération des gestionnaires et d'aligner le plus possible leurs intérêts sur ceux des propriétaires, par des stock-options par exemple ! Bien entendu, on peut penser que les hérauts de la suprématie de l'actionnaire font état de convictions qui conjuguent une vision caricaturale de l'entreprise, une surestimation des mérites et des performances informationnelles du marché boursier, et enfin une interprétation simpliste de la théorie économique. Mais il s'agit là encore d'un mouvement de fond : en cette ère postsoviétique, les diktats des intégristes du marché ont souvent remplacé ceux des intégristes de la planification et des docteurs en marxisme. Nos sociétés sont-elles condamnées à être dominées par des simplismes prétentieux et sûrs d'eux-mêmes ?

Revenons à nos moutons : entre une entreprise de plus en plus immergée dans le marché, comme l'y poussent l'air du temps et les exigences de l'époque, et une organisation étatique souvent immobile, la distance va s'accroître.

D'une part, la logique dominante dans le secteur marchand va continuer à s'écarter de la logique de l'évaluation administrative de la performance dans les secteurs non marchands. Le modèle de gestion des agents publics, eux qui autrefois, pour incarner l'État régalien, s'étaient vu octroyer la qualité de fonctionnaire, n'a guère varié. En France, par exemple, au-delà de la concession apparente que fait la variété des corps à la variété des missions, l'uniformité du statut s'accompagne le plus souvent d'une uniformité des modalités de carrière. Pour éviter la subjectivité du jugement sur la performance, les promotions continuent à s'en remettre le plus souvent à l'objectivité d'épreuves dont les critères sont souvent faiblement corrélés aux ingrédients du succès des missions assignées. Ainsi, carrière et rémunération par la carrière, mais aussi rémunération dans la carrière, sont le plus souvent soustraites à la logique de performance qui domine les rémunérations dans le secteur marchand. Il en va ainsi même lorsqu'il existe des mesures de la performance, qui, sans être indiscutables, seraient opérationnelles et raisonnables.

D'autre part, les contrats entre l'État et ses salariés risquent de différer de plus en plus des contrats entre salariés et l'entreprise, inscrits dans une durée de moins en moins assurée. Non que les rémunérations des agents de l'appareil étatique puissent être entièrement soustraites aux forces du marché du travail. Mais la logique de contrat implicite qui régit les évolutions de rémunération, avec ses aspects stabilisateurs, protecteurs en période défavorable, va se renforcer dans le secteur public au moment où elle s'affaiblit dans le secteur privé.

Cette dérive des formes d'organisation respectives de l'entreprise et de l'État, si elle se confirme et, plus encore, s'accentue, soulève de multiples interrogations. Mentionnons pour mémoire, c'est-à-dire hors de toute considération d'efficacité de l'État, le risque de grand écart entre les formes de contrôle et les formes de contrat des secteurs public et privé. On devine les tensions qui naîtraient d'un scénario où fixité et protection dans le secteur public s'accompagneraient de précarisation et de paupérisation ailleurs.

Sur le sujet qui nous concerne, les critiques de l'organisation étatique soulignent par exemple la contradiction entre la fixité de l'organisation étatique et, à la fois, la taille croissante de l'État, à périmètre d'activité donné, et les nouvelles missions, associées à la multiplication des fronts de l'intervention. La croissance des activités d'éducation regroupées sous la houlette de l'Éducation nationale, dont les effectifs ont considérablement grossi, constitue un exemple de l'accroissement du volume des missions dans un secteur donné; dans un domaine voisin, le développement de la recherche publique fondamentale ou appliquée est lui un exemple de multiplication des missions. Changements d'échelle et multiplication des missions ont peu modifié le modèle d'intervention. À ceci près, sans doute, que le maintien de la rigidité des contrats et des statuts est allé de pair avec le renoncement, inévitable, à un style de commandement archaïque. Reste, comme substitut éventuel aux incitations monétaires ou non monétaires, l'intériorisation des contraintes du service public, celles qu'exalte le souvenir de l'époque depuis longtemps révolue des hussards noirs de la République. Voilà sans doute pourquoi la société civile perçoit les grandes machines bureaucratiques, non nécessairement comme des archaïsmes (mammouths ou autres objets soviétoïdes), plutôt comme de lourds paquebots dont il est difficile de dire s'ils sont comparativement convenablement ou insuffisamment dotés, mais qu'on imagine parfois dépourvus de gouvernail.

Ceux qui mettent leur espoir dans un État contrepoids efficace du marché le voient pourtant le plus souvent grossir sans plaisir : l'État obèse leur paraît guetté par l'inefficacité et rebelle au contrôle démocratique, deux aspects à terme menaçants pour la pérennité de l'institution. Resserrer ses missions sur ce qui fait sa spécificité et déléguer le reste, en d'autres termes perdre la graisse pour gagner du muscle : ne serait-ce pas un impératif pour restaurer l'efficacité, voire assurer la pérennité de l'État au XXIe siècle.

L'État-nation et la mondialisation

Sont en cause, dans le paragraphe précédent, les modalités de l'intervention, non le « besoin d'État ».

Ce besoin s'exprime toujours à tous les niveaux – central, régional, local. La demande de biens et de services collectifs s'accroît elle aussi avec la richesse et l'offre doit accompagner la tertiarisation de l'économie. Pour la programmation et, le plus souvent, pour le financement, la réponse à la nécessité collective requiert une organisation publique qui n'a pas de substitut privé. Reste la question du « faire » et du « faire faire ». L'organisation publique, l'État par exemple, doit assurer la « maîtrise d'ouvrage », pas nécessairement la prise en charge totale. C'est une recette ancienne dans le domaine des infrastructures : l'État conçoit, les entreprises de travaux publics réalisent. Dans d'autres secteurs, l'État fait plutôt que de faire faire, sans doute même là où il serait plus efficace qu'il fasse faire.

Nous avons aussi besoin d'État pour maintenir et faire vivre la cohésion dans les sphères qu'assignent les proximités territoriales aux interactions sociales les plus intenses. Cohésion sociale ou convivialité sociale s'appuient sur une référence à des codes communs – langue, culture... – ; elles se nourrissent du sentiment d'un destin partagé, source, sans doute, d'une certaine tolérance à la forme d'inégalité des destins individuels que le marché engendre. L'État-nation reste aujourd'hui le vecteur privilégié de construction, de maintien et de consolidation de la cohésion sociale.

Mais la permanence de ce besoin d'État s'exprime dans un contexte modifié, celui de la mondialisation. Essayons d'apprécier ces modifications, en parcourant les trois axes de l'action économique d'un gouvernement déjà évoqués[16] : la stabilisation, l'allocation et la distribution.

La stabilisation désigne le champ de l'action qui, plutôt dans le court terme et à l'échelon global, vise à régulariser la marche de l'économie. L'allocation désigne le secteur des politiques qui influencent la production de biens et services, qu'ils soient marchands ou non marchands. La distribution recouvre des activités dont le vocabulaire suggère clairement la nature. Quels sont les effets de la mondialisation dans chacune de ces trois sphères ?

La stabilisation d'abord. Un gouvernement national qui agit sur un marché est plus dépendant de ses voisins, profite de leur bonne fortune, pâtit de leurs difficultés et redoute la contagion des crises financières qui peuvent les affecter. Pour avoir une chance d'être efficaces, ses politiques conjoncturelles doivent être coordonnées avec celles de ses partenaires économiques.

L'allocation des ressources ensuite. On a longuement évoqué le retrait des gouvernements de la sphère productive mais chacun conserve en principe la maîtrise d'une certaine organisation de la production sur son territoire, sauf si, comme c'est le cas en Europe, il l'a soumise par traité à des règles communes d'organisation de la concurrence qui limitent sa marge de manœuvre. Le gouvernement reste responsable de la production de biens collectifs mais, à côté de biens collectifs dont la juridiction est tout ou partie du territoire national, sont apparus des biens collectifs globaux, dont la gestion et la production intéressent toute la planète.

La redistribution enfin. L'État-nation reste aujourd'hui l'espace effectif de la redistribution. Les États-nations dans l'Europe d'aujourd'hui redistribuent parfois plus du tiers de leur produit, un pourcentage qui dépend évidemment d'une définition plus précise des opérations. Les mêmes pays riches consacrent moins de 1 % de leur produit à l'aide aux pays en développement, et les transferts interpays dans l'Union européenne sont d'un ordre de grandeur analogue. De fait, l'État-nation constitue l'espace de la démocratie politique et donc le lieu des décisions qui déterminent l'intensité de la solidarité intergénérationnelle et de la solidarité intragénérationnelle et la redistribution du revenu que celles-ci déterminent. Ces solidarités relèvent d'un contrat social particulier. Sans être inconcevable, l'extension de ce contrat social, au-delà des frontières d'un État-nation particulier est problématique, sans doute parce que ce contrat est un contrat implicite, qui prend sa racine dans une histoire et s'inscrit dans une mémoire collective particulière. Ce n'est pas le lieu de faire l'apologie ou le procès de l'État-nation, dont les dérives ont nourri les conflits armés du XXe siècle. Constatons seulement, qu'on le regrette ou qu'on s'en félicite, que son espace est non seulement l'espace effectif mais aussi l'espace légitime de la redistribution, et qu'il reste aujourd'hui et pour un temps, l'espace le plus plausible de la solidarité.

Mais la mondialisation économique, avec ses gagnants et ses perdants, accentue, ou va accentuer plus encore, le besoin de solidarité : c'est l'un des pronostics auxquels a abouti l'analyse du paragraphe qui lui était consacré. Ainsi la mondialisation renforce-t-elle d'une certaine manière le besoin fonctionnel d'État, et de fait d'État-nation, alors même qu'elle lui pose un défi permanent[17]. Par exemple, le « nomadisme » des capitaux et des hommes fragilise l'assiette de l'impôt prélevé : s'instaure une concurrence fiscale dont certains partisans du tout-marché disent le plus grand bien mais qui accroît sans doute davantage l'inégalité des revenus que l'efficacité. À un niveau plus profond, si les effets distributifs du commerce ou d'autres arrangements multilatéraux sont de trop grande ampleur, par exemple parce que la compensation qu'ils appellent requiert des transferts entre nations, l'État-nation se retrouverait devant une tâche dépassant ses capacités.

La mondialisation fragiliserait-elle le maintien de la redistribution et de l'assurance sociale alors qu'elle en exacerbe le besoin ? Scierait-elle la branche sur laquelle elle s'appuie ? Sans tomber dans le pessimisme, la question mérite d'être posée.

Entre État-nation et gouvernement mondial : l'avenir de la « gouvernance »

Les frontières du marché n'ont bien entendu jamais coïncidé exactement avec les frontières de l'État. Dans la France du XVIIe siècle, c'est l'État qui tire largement le marché : le commerce des blés, étudié par l'abbé Galiani, doit s'étendre pour que les villes soient ravitaillées et que les aléas régionaux des récoltes soient gommés, et l'État s'efforce qu'il en soit ainsi. Aujourd'hui encore, la polarisation nationale des échanges reste apparemment forte ; mais elle est instable, parce que les multinationales ont des stratégies sans frontières, mais aussi et surtout parce qu'elle est soumise à une « contestation » concurrentielle.

La déconnexion des frontières entre un marché qui tend à devenir mondial et un État dont l'action s'arrête à ses limites territoriales compromet donc l'équilibre entre les deux logiques, celles de l'organisation que fait prévaloir l'État et celle de l'échange que porte le marché. Le fait que, comme beaucoup d'autres externalités négatives, ni le gaz carbonique émis à Honolulu, ni le nuage radioactif de Tchernobyl ne se soumettent à des contrôles aux frontières de l'Hexagone est une manifestation extrême de cette impuissance. En l'absence d'un État mondial, le marché mondial passe entre les mailles d'un contrôle social, par exemple d'un certain contrôle des revenus, dont la légitimité est habituellement reconnue à l'intérieur des frontières. On imagine que les tensions déjà évoquées, créées par la dissociation de l'espace du marché, un espace mondial, et de l'espace de l'État, en l'occurrence de l'État-nation, sont appelées à s'accentuer. Alors que le marché mondialisé fait depuis longtemps fi des frontières et qu'aucun devin ne voit sur son écran radar les signes, même lointains, de l'apparition d'un gouvernement mondial, le besoin d'outils de « gouvernance » à l'échelle de la planète se fait de plus en plus aigu. La « gouvernance » est mieux qu'un anglicisme pour « gouvernement » : le terme renvoie à ses substituts imparfaits mais réels, aux instruments de coopération entre les États-nations. Entre État-nation et gouvernement mondial, comment s'organise cette gouvernance ?

Elle se concentre aujourd'hui sur les deux premiers registres du triptyque stabilisation-allocation-redistribution. Sur ces deux registres, les difficultés qui ont été évoquées conduisent à s'en remettre, en l'absence de gouvernement mondial, à des formes de coopération internationale respectueuses d'une souveraineté dont les États se dessaisissent volontairement, partiellement et contractuellement. Ces coopérations sont, comme on dit, « multilatérales », et se cristallisent soit autour d'organisations internationales dotées de plus ou moins de moyens ou d'outils d'intervention (le Fonds monétaire international – FMI –, l'OMC, la Banque mondiale), soit autour de traités ou de protocoles (le dernier en date est le protocole de Kyoto). Ces institutions et traités peuvent être vus comme des sortes de prothèses d'un corps, le gouvernement mondial, qui n'existe pas.

Les formes de coopération spécialisée et multilatérale ainsi évoquées sont diverses. D'abord, elles peuvent viser à organiser, réguler, voire développer le marché mondial. L'existence de l'OMC, dont la mission est d'étendre le commerce, s'inscrit dans cette première logique de coopération. L'Organisation internationale du travail, l'OIT, est parfois vue comme une sorte de pendant social de l'OMC, qui veillerait à ce que les droits du travail ne soient pas trop asymétriques. Dans la même rubrique, le FMI a pour mission de stabiliser l'environnement du marché mondial ; il cherche à prévenir les crises, comme les crises de change, ou, quand elles éclatent, à limiter les effets de contagion.

Cette première catégorie d'institutions multilatérales a pour fonction de développer ou de réguler le marché mondial. La seconde renvoie aux biens collectifs qui sont ici globaux ou mondiaux. Ces biens collectifs ne sont pas nécessairement liés à la mondialisation des échanges : la santé, que met en avant le sigle de l'OMS, l'Organisation mondiale de la santé, est une préoccupation aussi vieille que l'humanité. Elle constitue aussi, depuis longtemps, un bien collectif global : la propension des microbes à franchir sans contrôle les frontières est bien antérieure à notre mondialisation économique, même si la rapidité et l'intensité moderne des déplacements font resurgir le risque de transmission fulgurante des épidémies qui a longtemps terrorisé les peuples. Autre bien collectif global, la qualité du climat, menacée aujourd'hui, non par la multiplication des échanges de biens entre pays, mais par le recours universel à des technologies fondées sur l'utilisation de carburants fossiles. On a longuement commenté le protocole de Kyoto, qui s'efforce d'organiser la coopération internationale face à la menace et coordonne pour les amplifier les efforts nationaux. Ce n'est que l'exemple le plus célèbre des centaines d'accords multilatéraux sur l'environnement destinés à combattre les pollutions transfrontières. Parmi eux, l'accord sur la protection de la couche d'ozone fournit l'exemple d'une coopération internationale dont le succès a été spectaculaire et sera, espérons-le, durable. Verra-t-on naître, coiffant les Programmes des Nations unies pour l'environnement (PNUE), une Agence mondiale pour l'environnement dont on parle de façon insistante depuis plusieurs années ? Loin de prétendre être exhaustif, on ne peut cependant clore cette liste sans évoquer la Banque mondiale qui, par les fonds qu'elle gère et par le rôle qu'elle joue dans l'aide au développement, est une des institutions emblématiques d'une « gouvernance » mondiale en devenir.

Comment juger des mérites de la gouvernance ainsi mise en place ? Dans quel sens la faire évoluer ?

Première observation, les organismes mis en place sont des institutions spécialisées dont les missions ne sont pas strictement circonscrites et peuvent donner lieu à recouvrement : les exemples de conflit sont nombreux et récurrents, conflits entre le FMI et Banque mondiale, qui interviennent de façon opposée à la marge de leurs domaines, ou conflits récurrents entre environnement et commerce, la défense de l'environnement étant suspectée du côté de l'OMC de cacher un penchant protectionniste.

Organismes spécialisés, les institutions de la gouvernance mondiale sont donc difficiles à coordonner, et plus difficiles encore que ne le sont les administrations spécialisées d'un État-nation. Elles sont aussi, c'est la deuxième observation, beaucoup plus difficiles à contrôler. Examinons cette critique de plus près.

L'absence de contrôle démocratique est l'une des objections les plus couramment faites par les altermondialistes à certaines organisations qui, de leur côté, se drapent souvent dans la posture de servants de l'intérêt public offensés. À tort. L'OMC, par exemple, ne défend pas l'intérêt public, mais une conception de l'intérêt public, celle qui résulte d'une certaine compréhension des bénéfices de l'extension des échanges, une conception honorable mais discutable. La mission de l'OMC est donc contestable, les altermondialistes ont le droit de la contester mais, ils ont tort de le nier, elle a bien été décidée démocratiquement, autant que faire se peut dans le monde où nous vivons, c'est-à-dire par des États souverains se déterminant dans le cadre des règles démocratiques qui les organisent. De même le FMI est-il contrôlé par un conseil qui décide à partir d'un vote pondéré, selon des clés déterminées par traité ; et à vrai dire, ce conseil se détermine souvent par consensus.

Rejeter la critique altermondialiste en s'en tenant au registre formel est cependant superficiel. Le contrôle formel n'est pas le contrôle réel et, pour des raisons qui méritent au moins qu'on y réfléchisse, nos institutions multilatérales de gouvernance jouissent d'un degré d'autonomie qui dépasse largement celle des administrations publiques des États-nations. On peut invoquer une première raison simple : le contrôle est un bien collectif et la « production » de ce bien collectif, comme le serait celle d'un bien collectif financé par souscription, est trop faible. On pourra donc observer une restriction du cercle du contrôle effectif : de même que les petits actionnaires dans une entreprise ont tendance à s'en remettre pour la surveillance à un actionnaire dominant, nombre de pays parties prenantes sont assez peu concernés par le contrôle. La gouvernance est alors démocratiquement biaisée, au sens de la démocratie limitée aux États membres. On pourra aussi observer, à l'image de ce qui se passe lorsque les actionnaires dominants investissent, eux aussi, insuffisamment dans le contrôle, un accroissement de l'autonomie réelle et non plus formelle. Biais ou affaiblissement du contrôle, ou encore une combinaison des deux : telles sont les issues les plus probables.

Cet accroissement de l'autonomie réelle s'appuie souvent sur une quête réussie d'autonomie intellectuelle. Les stratégies des institutions multilatérales doivent s'appuyer sur des doctrines intellectuelles spécialisées, doctrines dont elles doivent favoriser l'émergence. Mais, particulièrement là où les institutions mandataires sont soumises à un contrôle affaibli de leurs mandants, ces institutions peuvent aussi largement influencer le contenu de ces doctrines. Le recrutement des « communautés épistémiques » dont elles organisent le rassemblement reflète une logique d'autosélection. Les savants mobilisés sont aussi souvent des militants, dont les convictions et les intérêts intellectuels sont alignés avec les intérêts parfois matériels des organisations qu'ils conseillent. Ce phénomène n'appelle *a priori* ni réprobation ni approbation. Les synergies entre stratégies d'organisation et réflexion des communautés épistémiques sont aussi bien illustrées par l'émergence du « consensus de Washington » autour du FMI, vecteur d'une pensée dominée par l'orthodoxie financière, que par la montée en puissance des politiques de la concurrence dans l'Union européenne ou que par la genèse du protocole de Kyoto. Dans ce dernier cas, c'est bien l'alerte, acte militant, donnée par les scientifiques, qui a mis en branle et qui continue à aiguillonner l'action internationale. L'influence des réseaux à la fois savants et militants constitue un phénomène de notre temps qu'il faut prendre en compte. Cette influence existe dans la détermination des politiques des États-nations, mais semble plus faible, sans doute à nouveau parce que l'autonomie des administrations de l'État-nation est plus faible.

Reste malgré tout que l'autonomie des institutions présentes ou, plus encore à venir, de la gouvernance mondiale pose problème. Est-elle excessive, insuffisante ?

Notons d'abord que la question est trop générale. Le degré d'autonomie souhaitable d'une organisation par rapport au pouvoir politique d'origine démocratique n'est pas, même au sein d'un État-nation, invariable. On peut arguer, comme l'ont fait par exemple certains économistes, que le degré d'autonomie doit s'accroître avec la technicité du sujet, mais aussi en réponse à l'arbitraire possible du pouvoir de la majorité sur la minorité, qu'il serait nécessaire de restreindre. Il n'y a donc pas de réponse uniforme au problème posé. Et l'on sait que le renforcement de l'indépendance des autorités administratives est dans l'air du temps. Les secteurs ouverts à la concurrence par le progrès technique, les télécommunications par exemple, sont partout coiffés par des autorités administratives indépendantes, qui exercent leurs fonctions dans le cadre de textes législatifs contraignants, mais qui substituent à la tutelle directe qui bien souvent auparavant s'exerçait sur l'activité du secteur, un modèle d'intervention très différent.

Il n'en reste pas moins que deux positions s'affrontent.

Certains pensent que l'autonomie des institutions de la gouvernance mondiale est excessive et que, par des mécanismes qu'on a évoqués, elles confisquent un pouvoir exclu de la sphère démocratique. D'autres préconisent au contraire, faisant de contrainte vertu, de renforcer leur indépendance.

Ce débat sur l'extension souhaitable des délégations, sur le degré d'indépendance à accorder oppose non seulement différentes conceptions techniques portant sur la logique de la mission mais aussi différentes conceptions politiques qui s'affrontent sur la confiance à accorder aux mécanismes démocratiques. Il renvoie en partie, mais sur des fronts très nouveaux, à l'opposition entre une tradition libérale se défiant d'un État qu'elle craint partisan et la tradition sociale-démocrate qui mettait toute sa confiance dans le même État, mais qui semble prise à revers par la mondialisation et peine à traduire ses intuitions dans le domaine de la coopération internationale.

Les institutions multilatérales sont, c'est le sentiment exprimé ici, les substituts sans doute très imparfaits de ce que pourraient être les administrations d'un gouvernement mondial. Ces imperfections, dans lesquelles ceux qui se méfient par principe des gouvernements voient des avantages, reflètent les difficultés accrues de la coordination des missions, d'un contrôle nécessairement hésitant et affaibli.

Le « besoin de gouvernance mondiale », ainsi imparfaitement satisfait, comporte trois autres dimensions plus problématiques encore.

La première, seulement évoquée pour mémoire, serait le besoin d'une redistribution mondiale d'un revenu particulièrement inégalitaire, tâche que ne pourrait éluder un hypothétique gouvernement mondial.

Il est une seconde difficulté redoutable, que résout mal l'action multilatérale. La juxtaposition d'initiatives partielles se concrétisant dans des traités – Kyoto –, des organisations – l'OMC, l'OMS… – est insuffisante. D'abord parce qu'un accord sectoriel repose sur le volontariat et requiert l'unanimité des participants – volontariat et unanimité dont un gouvernement peut se passer, et un gouvernement mondial le pourrait aussi. Ensuite, parce que cette unanimité doit être séquentielle, c'est-à-dire obtenue au cas par cas, là où un gouvernement peut proposer un compromis global. Une des tâches essentielles d'un gouvernement national, c'est aussi l'une de ses armes, est de « globaliser les compromis », c'est-à-dire de fournir à ses mandants, les électeurs, un menu complet d'interventions, dont l'acceptabilité vient de l'agrégation de mesures sectorielles, les unes profitant aux uns et les autres aux autres. C'est ce que les Anglo-Saxons appellent le *logrolling*[18], un terme dont la traduction exacte est difficile – l'« échange de votes » serait péjoratif. Cette fonction essentielle ne peut être prise en charge par les institutions actuelles de la gouvernance mondiale, si ce n'est peut-être de façon limitée dans des instances comme l'ONU ou le G7. Pourtant, le besoin est criant. Comment mettre en place une politique ambitieuse de lutte contre l'effet de serre, à laquelle les pays de la planète sont diversement intéressés, sans en faire une partie d'un compromis plus global, liant par exemple commerce et environnement et qui permet de troquer les avantages sur chacun des registres ?

La troisième dimension fait écho à la logique des arrangements multilatéraux et à l'hypothèse qu'ils bénéficient à l'ensemble des nations participantes : les problèmes distributifs qu'ils soulèvent sont vus comme des problèmes au sein des nations, à un moment donné, ou, dans la durée, entre générations. On a évoqué plus haut les théories standard du commerce international qui suggèrent que les effets d'un accroissement du commerce ne font que des gagnants parmi les nations, et que donc le problème de la redistribution, s'il y en a un, est un problème interne aux pays participants. La conclusion, on l'a dit, n'emporte pas, ou plus, la conviction, à la fois parce qu'elle surestime, peut-être considérablement, les performances des systèmes de redistribution et parce qu'elle n'est théoriquement valide que dans un monde où les facteurs seraient immobiles, c'est-à-dire sous des conditions loin d'être remplies dans notre monde où le capital financier se déplace sans contraintes. Là, mais c'est vrai ailleurs, l'ampleur des effets distributifs fait craindre qu'ils ne créent des tensions croissantes au sein de nations incapables d'y faire face. Ainsi, et ce même en ignorant la misère dans le monde et les problèmes plus profonds de justice de l'organisation internationale qu'elle suscite, l'espace de l'État-nation ne serait plus l'espace fonctionnel de la redistribution : les soubresauts du marché mondial appelleraient, en eux-mêmes, des transferts de richesses entre États, aujourd'hui utopiques. Et cela au moment même où l'efficacité du système de redistribution national est menacée par la concurrence fiscale dans des espaces où le capital et le travail – et surtout le travail le plus qualifié – sont mobiles. Voilà qui nous ramène à la mondialisation et à ses contradictions.

Alors pourquoi pas un gouvernement mondial ? La réponse a déjà été donnée : l'espace légitime de la citoyenneté ne se décrète pas ; il est le produit du travail de l'histoire, une histoire qui s'enracine dans les proximités géographiques et fonde la solidarité au sein des générations et entre générations, qui se concrétise dans des valeurs partagées, et qui se décline en une culture et une culture politique communes. Comme le dit Habermas : « Dès qu'elle se veut démocratique, une communauté politique doit être à même de distinguer ceux qui en sont membres et ceux qui ne le sont pas. Si les citoyens du monde s'organisaient au niveau mondial et allaient jusqu'à instituer une représentation démocratiquement élue, ils ne pourraient pas tirer leur adhésion normative de la conception éthico-politique de leur identité… mais seulement d'une conception juridico-morale. Ce n'est donc pas par hasard si les seuls « droits de l'homme », autrement dit les normes juridiques dont le contenu est exclusivement moral constituent le cadre normatif de la société cosmopolite. »

Voilà qui ouvre le sujet plutôt que de le refermer ! Voilà aussi une transition pour la dernière partie de cet ouvrage : « Marché et société ».

Notes :

1. Il ne s'agit aucunement de suggérer que la critique et la vision, tant de Marx que de ses héritiers, soient uniquement économiques ; ce n'est bien sûr pas le cas. On y reviendra.

2. Voir Pierre Rosanvallon, *Le Capitalisme utopique* (voir Bibliographie).

3. Le cas de Schumpeter, autre grand penseur du XXe siècle, lui aussi influencé par l'école autrichienne, est différent. Sa conception du rôle de l'État est très atypique, et sa vision de l'entreprise et de l'entrepreneur très personnelle. Il voit dans la recherche d'une position de monopole la clé du progrès technique : en dépit de son admiration pour le raisonnement analytique et l'école walrasienne, il défend des conceptions très différentes de la régulation du système productif des économies de marché.

4. Roger Guesnerie, *L'État et le Marché* (voir Bibliographie).

5. Même si la duplication de toutes les infrastructures que l'on préconise parfois pour le téléphone mobile mériterait pour le moins discussion.

6. Écoutons ce que disait, en 1998, l'ancien commissaire à la Concurrence Karel Van Miert : « Si l'on a fait dès le départ des règles de la concurrence l'un des piliers de base du traité CEE, c'est en grande partie dû à l'influence de l'Allemagne, où ce thème occupait à l'époque le devant de la scène. C'est donc avant tout à l'Allemagne que l'on doit le fait que la concurrence se soit vu accorder dès le début une importance si grande et qu'elle ait presque joué le rôle de fondement du traité CEE. »

7. Le soutien dont ont bénéficié les politiques de la concurrence aux États-Unis a été ambigu : sans doute beaucoup, peu convaincus de leur efficacité – c'était le cas de ce que l'on a appelé l'« école de Chicago » – mais hostiles à l'intervention de l'État, ne les ont-ils attaquées qu'à fleuret moucheté, craignant que leur abandon conduise à une intervention directe de l'État dans les grandes entreprises. Elles ont donc été perçues comme un moindre mal car considérées comme un substitut à une intervention directe – nationalisations par exemple – redoutée.

8. Notons que dans le cas européen, la modification de ces règles du jeu qui résultent de traités est en principe délicate.

9. L'objectif pouvant être quantifié précisément par le surplus du

consommateur, introduit précisément dans la première partie de l'ouvrage.

10. Au sens de ces termes tels que définis et commentés dans la première partie de cet ouvrage.

11. Il y a peu de communautés de vues entre Keynes et Schumpeter, d'un côté, et ce que l'on appelle « l'école structuraliste » de l'autre !

12. Ces objections ne s'appliquent pas directement aux autorités de régulation dont l'indépendance s'accompagne de missions claires et dont l'expertise spécialisée est adaptée à l'évaluation des mesures envisagées à l'aune des objectifs qui leur sont assignés.

13. Et donc, c'est un point important – qui ne peut vraiment être développé ici – de par les relations entre les prix des facteurs et les prix des biens, sur le marché de biens.

14. « Captation », « capture » sont deux traductions possibles de l'anglais *capture.*

15. Voir Bibliographie.

16. C'est une classification due à Richard Musgrave.

17. Certes, on l'a dit et redit, toutes les difficultés auxquelles l'État est confronté ne sont pas, exclusivement ou identiquement, liées à la mondialisation. Son retrait de la sphère productive a bien d'autres causes, même s'il fait partiellement écho à l'essor des marchés financiers qui a accompagné la libéralisation des mouvements de capitaux.

18. Le *logrolling* désigne le marchandage politique, qui s'accompagne éventuellement d'échanges de voix entre factions et entre groupes ; le terme renvoyait initialement à une analogie, que l'on pourra juger lointaine, avec les billots de bois que l'on fait rouler les uns sur les autres.

Marché et société

Le point de vue adopté ici est essentiellement et volontairement économique. Le marché est un objet complexe dont l'étude a mobilisé toutes les sciences sociales. Les regards anthropologique, sociologique et le historique alimentent des débats que l'on ne peut ni approfondir ni résoudre ici, mais seulement évoquer.

Premier débat, les vertus sociétales du marché : de Montesquieu, qui vantait le « doux commerce », à Adam Smith, toute une lignée de penseurs ont chanté les vertus pacificatrices du marché. Le capitalisme, pourtant, selon Rosa Luxemburg, « porte la guerre comme la nuée porte l'orage ».

D'une façon similaire, le marché, dont la logique est transnationale, serait un dissolvant de l'identité et de la démocratie nationales. Pourtant, on peut retourner l'argument, si comme on l'a fortement souligné, le marché appelle la redistribution, et si l'espace national est l'espace légitime de la redistribution.

Autre relation problématique, celle de la démocratie politique et du marché. D'un côté, les grandes compagnies transnationales sont présentées comme un danger pour les libertés politiques des États ; de l'autre, on suggère, avec Raymond Aron, que la liberté politique est impossible sans libertés économiques, en particulier sans liberté d'entreprendre, et que l'autoritarisme politique va de pair avec la planification centralisée.

Une seconde grande question est celle de la relation entre bien-être économique et bien-être tout court. On sait que l'on trouve dans nos sociétés riches, au-delà de la pauvreté purement économique, ce que l'on appelle l'« exclusion », et même un certain mal de vivre où s'exprime, selon Pierre Bourdieu, la « misère du monde ». Si l'on sait mesurer le produit national net et amender ce calcul par de multiples « indicateurs sociaux », le bonheur national net est à l'évidence bien plus difficilement quantifiable. Qui plus est, et si le bien-être du consommateur souverain que sert le marché n'était qu'une illusion de sujets aliénés par la société de consommation ? Cette thèse paraît maintenant dater. Pourtant, les lignes qui suivent, si on les prend à la lettre, constituent une critique des ressorts du marché assez dévastatrice : « Pour obtenir ces commodités, il [le fils de l'homme pauvre] s'oblige pendant la première année, voire les premiers mois de son entreprise, à plus de fatigue et de souci que l'absence de ces commodités aurait pu lui causer toute sa vie durant [...] Mais avec la langueur de la maladie et la lassitude de la vieillesse, [...] il maudit l'ambition et regrette en vain l'indolence de la jeunesse, ces plaisirs à jamais enfuis qu'il a follement sacrifiés à ce qui, maintenant qu'il le possède, ne lui procure aucune réelle satisfaction. [...] La puissance et la richesse apparaissent alors telles qu'elles sont, d'énormes machines compliquées composées des ressorts les plus fins et les plus délicats, inventées pour produire quelques commodités futiles pour le corps. [...] Si nous considérons la satisfaction réelle que toutes ces choses sont capables de produire, pour elles-mêmes et indépendamment de la beauté de l'arrangement propre à la favoriser, elle nous apparaîtra toujours au plus haut point méprisable et insignifiante [...] » Voilà qui ressemble à un brûlot gauchiste, à l'époque où les brûlots gauchistes pourfendaient la société de consommation. Son auteur est... Adam Smith, l'Adam Smith des « sentiments moraux », qui, plus étrangement encore, ajoute : « Et il est heureux que la nature nous abuse de cette manière. »

En adoptant une conception limitée, et souvent consciemment limitée, du bien-être, le savoir économique a évité d'entrer dans une question de nature quelque peu métaphysique, au sens où elle convoque un large registre de savoirs sur l'homme et la société, dont les lumières sont sans doute trop balbutiantes pour fonder une conviction « scientifique », la question du « bonheur » ou plutôt du bien-être tout court. Pourtant, avec le mélange de courage, d'enthousiasme et de naïveté qui caractérise les expéditions en terrain inconnu, les économistes ont pris récemment le problème à bras-le-corps et s'efforcent d'appréhender le « bonheur » au travers de dispositifs d'investigation fragiles mais ambitieux. Qu'en attendre ? Une confirmation de la survalorisation des compensations matérielles dont Adam Smith, beaucoup plus sceptique qu'on ne l'aurait cru, avait fait le ressort de l'activité économique ? Pourquoi pas une meilleure domestication de cet instrument mystérieux, qui émerveille et effraie, le marché ?

Enfin, le problème de la viabilité culturelle. Le triomphe du marché et l'apologie qu'il offre de ce fait à la recherche du profit sont susceptibles, déclare Daniel Bell, de détruire le terreau des valeurs sur lesquelles, selon Max Weber et ses émules, le marché s'est construit. L'extension de la sphère au sein de laquelle il est socialement légitime de poursuivre des fins intéressées, qui définit selon Robert Solow la sphère de l'économie, compromettrait ainsi la part d'altruisme sans laquelle le lien social ne peut se perpétuer.

Épilogue

Un mot pour conclure nous ramènera au débat plus strictement économique et à la société française. Les Français ont souvent une bonne compréhension des phénomènes économiques avec lesquels ils sont directement en contact. Cependant, en dépit de cette connaissance de proximité, la société française dans son ensemble semble souvent avoir des difficultés à penser globalement l'économie de marché dans laquelle elle vit. Ses lacunes reflètent semble-t-il celles de la culture économique des intellectuels de ce pays, lacunes qui ont au moins une triple origine.

D'abord, convaincus du triomphe inéluctable du système soviétique, beaucoup d'intellectuels, en France comme ailleurs, s'étaient dispensés d'une étude approfondie du marché et lui avaient substitué un anathème facile, souvent accompagné de prophéties catastrophistes dont la concrétisation relevait d'un sens évident de l'histoire. Un sens qui a pris un tour assez imprévu, puisque la seule transition dont on ait parlé à la fin du XXe siècle est celle du socialisme vers le capitalisme.

L'ignorance du marché de toute une partie de l'intelligentsia française qui n'a jamais adhéré au marxisme est d'un autre ordre. Elle a l'excuse d'une tradition qui refuse la connaissance analytique ou limite son champ au seul monde physique et est de ce fait rebelle à la démarche scientifique et plus encore au travail analytique dans les sciences sociales en général et dans la science économique en particulier.

Enfin, l'enseignement de la science économique est traditionnellement moins développé en France que dans le monde anglo-saxon et ne s'est que progressivement dégagé de la tradition juridique qui avait établi une tutelle bienveillante sur une science parfois bien hexagonale, souvent sans écho hors de nos frontières. La situation a changé radicalement aujourd'hui, sous l'influence d'une élite universitaire ouverte au monde, mais ce changement ne se traduit que lentement dans la culture économique générale du pays. Et il reste fort à faire pour que, en amont, un enseignement à la fois exigeant et apaisé de l'économie ait la place qu'il mérite dans la formation du citoyen.

Puisse ce texte avoir convaincu le lecteur que le marché n'est ni une création démoniaque ni une construction angélique. C'est un outil. Comme tous les outils, il est d'autant plus utile qu'on en comprend le fonctionnement. Il sert qui sait s'en servir.

Des économistes et la réflexion sur le marché : une galerie de portraits

Maurice Allais (1911-2011) : il a reçu le prix Nobel d'économie en 1988. Son œuvre porte sur l'allocation des ressources, la monnaie, le risque.

Kenneth Arrow (né en 1921) : d'abord célèbre pour avoir analysé une forme généralisée du paradoxe du vote découvert en 1785 par Condorcet, il a obtenu le prix Nobel d'économie en 1972. Il est, avec Gérard Debreu, l'un de ceux qui ont contribué de la façon la plus décisive à la formalisation mathématique de l'équilibre général, transformant le modèle de Walras en modèle de Walras-Arrow-Debreu.

Antoine Augustin Cournot (1801-1877) : d'abord professeur de mathématiques à Lyon, il a publié en 1838 *Recherches sur les principes mathématiques de la théorie des richesses,* texte précurseur qui a influencé Walras et Marshall.

Friedrich von Hayek (1899-1992) : né à Vienne, il a émigré en 1931 et enseigné à Londres, Chicago et Fribourg. Théoricien des fluctuations, critique vis-à-vis de Keynes, il a développé une vision évolutionniste originale des institutions et du marché et reçu le prix Nobel d'économie en 1974. Fondateur de la Société du Mont-Pèlerin, il est l'un des principaux théoriciens du libéralisme du XXe siècle.

Leonid Kantorovitch (1912-1986) : né à Saint-Pétersbourg, cet économiste soviétique a dirigé l'Institut de gestion de l'économie nationale du Gosplan. Il a reçu le prix Nobel d'économie en 1975.

John Maynard Keynes (1883-1946) : né la même année que Joseph Schumpeter, il est vraisemblablement l'économiste le plus important du XXe siècle. Sa *Théorie générale de l'emploi, de l'intérêt et de la monnaie* (1936) proposait une analyse très nouvelle du chômage de l'après-crise de 1929. Ses idées ont eu un grand impact sur la conception des politiques macroéconomiques de l'après-guerre et font toujours l'objet de débats et de controverses.

Wassily Leontief (1906-1999) : originaire de Saint-Pétersbourg, il a effectué l'essentiel de sa carrière universitaire aux États-Unis. Sa contribution majeure, qui lui a valu le prix Nobel en 1973, concerne le développement de l'analyse des relations inter-industrielles et la construction de tableaux d'entrées-sorties qui fournissent une vue quantitative synthétique des relations entre les secteurs économiques.

Edmond Malinvaud (né en 1923) : il a été directeur général de l'Institut national de la statistique et des études économiques (Insee) de 1974 à 1987 et professeur au Collège de France de 1987 à 1994. Ses contributions les plus reconnues concernent la théorie du capital et les méthodes statistiques de l'économétrie.

Alfred Marshall (1842-1924) : professeur à l'université de Cambridge (Royaume-Uni) à partir de 1885, il a exercé une influence considérable sur la pensée économique, particulièrement au travers de ses *Principles of Economics*, parus en 1890.

Karl Marx (1818-1883) : à la fois économiste et philosophe, il est bien évidemment l'un des penseurs

marquants de son siècle. *Le Capital*, où il développe sa critique de l'économie politique, est un ouvrage majeur, sans doute inégalé par le volume de commentaires, débats ou controverses qu'il a suscités. Il a été une référence constante pour les mouvements socialistes ou communistes du XXe siècle. Sa pensée économique est marquée par celle de David Ricardo et des classiques mais reflète aussi le scepticisme de toute une tradition de pensée (Sismondi…) sur les vertus autorégulatrices des marchés.
Vilfredo Pareto (1848-1923) : cet économiste italien né à Paris a succédé à Léon Walras dans sa chaire de Lausanne. Son *Manuel d'économie politique*, publié en français en 1906, approfondissait le travail de Walras, mais l'œuvre est à la fois sociologique et économique. En dépit de l'imbrication de leurs histoires et de leurs pensées, « Pareto, l'aristocrate, et Walras, l'homme de gauche issu de la moyenne bourgeoisie », avaient, si l'on en croit Schumpeter, « peu de sympathie l'un pour l'autre ».
François Perroux (1903-1987) : né à Lyon, il a été professeur au Collège de France de 1955 à 1974. Ses travaux les mieux connus portent sur l'économie du développement.
David Ricardo (1772-1823) : auteur d'un ouvrage majeur, *Des principes de l'économie politique et de l'impôt*, paru en 1817, continuateur d'Adam Smith, il est parfois présenté comme le « classique » par excellence. Ses analyses sur les prix, les profits et les valeurs sont à l'origine d'une tradition vivace dont Piero Sraffa (1898-1983) et ses disciples de Cambridge (Royaume-Uni) sont parfois considérés comme les plus récents continuateurs.
Paul Anthony Samuelson (né en 1915) : se distinguant

par la vaste palette de son activité théorique, celui que l'on a parfois appelé « le Picasso de l'économie » a abordé, avec une méthodologie unifiée s'appuyant sur la formalisation mathématique, presque tous les domaines de l'analyse économique.

Joseph Schumpeter (1883-1950) : né à Vienne l'année où mourut Karl Marx, il fut professeur à Vienne et à Bonn avant de s'exiler à Harvard. Il est l'un des fondateurs de la Société d'économétrie, qui a exercé une influence significative sur le développement de la théorie moderne. Sa réflexion personnelle porte d'abord sur l'étude des fluctuations et du développement. Il est l'auteur de *Capitalisme, socialisme et démocratie* (1942) et d'*Histoire de l'analyse économique* (1954).

Jean-Charles Sismondi (1773-1842) : né à Genève, ce disciple d'Adam Smith conclut dans ses *Nouveaux Principes d'économie politique* au caractère inéluctable des crises de débouchés dans une économie capitaliste.

Adam Smith (1723-1790) : ce philosophe et économiste écossais est l'auteur de la *Théorie des sentiments moraux* (1759) et, surtout, des *Recherches sur la nature et les causes de la richesse des nations* (1776). Ce dernier texte est souvent considéré comme l'un des ouvrages fondateurs de la science économique ; il a eu un impact considérable sur le développement de la pensée économique au XIXe siècle. Jean-Baptiste Say (1767-1832) est l'un de ses disciples français.

Léon Walras (1834-1910) : né à Paris, il devient économiste sous l'influence de son père, Auguste Walras. Titulaire d'une chaire d'économie politique à l'université de Lausanne, il est l'auteur des *Éléments d'économie pure* (1874). Cet texte, associé à ce que l'on a appelé la « révolution marginaliste » (terminologie qui associe de façon malheureuse une technique et une problématique), est aujourd'hui considéré comme l'ouvrage fondateur de l'économie mathématique et de la théorie de l'équilibre général moderne.

Glossaire

Accroissement marginal : partant d'une situation donnée, l'analyse économique s'interroge souvent sur les effets d'une petite modification de certains paramètres sur ladite situation ; on s'intéresse, par exemple, à l'effet d'un accroissement de la production d'une entreprise sur l'ensemble des marchés. Les petites modifications sont dites « marginales ». Leur étude fait souvent appel à des techniques « marginalistes » qui, elles-mêmes, reposent sur le calcul différentiel.

Anticipations rationnelles : l'hypothèse d'anticipations rationnelles, souvent utilisée dans la modélisation, revient à supposer que les prévisions des agents économiques ne comportent pas de biais systématique, c'est-à-dire sont statistiquement vraies compte tenu de l'information disponible.

Autogestion : formule qui fait des travailleurs d'une entreprise ses principaux actionnaires et donc ses propriétaires.

Chômage classique : voir Chômage keynésien.

Chômage keynésien : catégorie intellectuelle construite pour séparer dans le chômage ce qui tient à l'insuffisance de la demande et ce qui tient à l'insuffisance de l'offre – le chômage classique, son contraire.

Clause de la nation la plus favorisée : mécanisme selon lequel un pays consent à l'ensemble de ses partenaires commerciaux les avantages qu'il consent à l'un d'entre eux.

Coût d'usage du capital : indice destiné à évaluer les variations économiquement pertinentes du coût de l'investissement ; il prend en compte les modifications du coût des biens capitaux, les évolutions des taux d'intérêt et des règles fiscales qui, par exemple, gouvernent l'amortissement.

Coût marginal : le coût de production d'un bien dépend en général du volume de la production. Le coût marginal est le coût de la dernière unité produite, c'est-à-dire la dérivée de la fonction qui associe le coût à la quantité produite. L'analyse économique oppose les situations de rendements décroissants, où le coût marginal est croissant (il est de plus en plus coûteux d'accroître la production d'une unité lorsque ladite production s'accroît), aux situations de rendements croissants, où il est décroissant.

Externalités : formant une catégorie importante de l'analyse économique, elles sont associées aux actions d'un agent économique qui affectent les conditions physiques de la consommation ou les conditions technologiques de la production pour d'autres agents. Elles peuvent être positives ou négatives. Ainsi, la pollution d'un fleuve par une usine située en amont, qui affecte les conditions de production des usines en aval, est une externalité négative. « Internaliser » une externalité signifie conduire, par la réglementation ou la fiscalité, les agents économiques à la prendre en compte dans leurs décisions.

Macroéconomie : voir Microéconomie.

Marché à terme : marché conclu aujourd'hui pour une « livraison » à une date ultérieure. Il existe les marchés à terme de biens physiques (sur le blé, le sucre par exemple) et des marchés à terme financiers (sur les monnaies par exemple). Le marché à terme s'oppose au marché au comptant où l'accord, le paiement et la livraison ont lieu à la même période.

Marché au comptant : voir Marché à terme.

Marchés (essentiellement) complets : structure idéale de marchés qui autoriserait les transactions entre toutes les dates, conditionnellement à tous les événements envisageables.

Microéconomie : branche de l'économie dans laquelle l'analyse repose sur l'identification individuelle des agents économiques (entreprises, ménages). La macroéconomie adopte une perspective plus globale et considère des agrégats ou des groupes d'agents économiques (le secteur des entreprises, celui des ménages). Le point de vue microéconomique est en général adopté pour les études sur les prix et l'allocation des ressources. Les problèmes de croissance et de stabilisation économique relèvent plus souvent du point de vue macroéconomique.

Monopole : lorsqu'un marché est servi par une seule entreprise, on dit que celle-ci est en « situation de monopole ». Deux entreprises sur un marché constituent un duopole. Plusieurs entreprises forment un oligopole.

Monopole naturel : le monopole est dit « naturel » lorsque les conditions techniques (rendements fortement croissants) rendent la coexistence de deux entreprises sur un même marché peu justifiable et/ou peu vraisemblable.

Oligopole : voir Monopole.

Prix contingent : prix qui serait payé pour un bien dont la livraison est hypothétique, c'est-à-dire conditionnée à l'apparition d'un événement incertain.

Prix de réserve : prix maximal qu'un agent économique est prêt à payer pour la détention d'un bien.

Propriété normative : voir Propriété positive.

Propriété positive : l'économie positive analyse « ce qui est », l'économie normative est tournée vers « ce qui devrait être ». L'opposition renvoie à une différence de perspective plus qu'à une différence de nature dans la démarche de l'analyste.

Rendement croissant : voir Coût marginal.

Rendement décroissant : voir Coût marginal.

Stabilisation : avec l'allocation et la distribution, troisième catégorie proposée par l'économiste Richard Musgrave dans sa classification des fonctions de l'État. Elle évoque l'action publique visant à réguler l'activité économique dans le court terme au moyen des politiques budgétaires et monétaires.

Tableaux d'échanges interindustriels de Leontief : tableaux destinés à fournir une image précise des relations entre les secteurs industriels. Ils prennent la forme de matrices où apparaissent, à l'intersection d'une ligne et d'une colonne, les consommations qu'un secteur fait des biens d'un autre secteur. Ils ont joué, et continuent de jouer, un rôle important dans la prévision économique.

Tâtonnement : procédure idéale par laquelle un marché ou l'ensemble des marchés de l'économie seraient apurés. Dans une telle procédure, les transactions n'auraient lieu qu'après la détermination de(s) prix d'équilibre. Les marchés réels vérifient rarement cette condition et relèvent du non-tâtonnement.

Théorème d'équivalence cœur-équilibre concurrentiel : imaginons un grand nombre d'agents (ménages, pays…) qui procèdent à l'échange des biens qu'ils détiennent et comparons deux formules extrêmes pour cet échange. La première est le marché concurrentiel, la seconde une procédure de marchandage généralisé qui ne fait pas intervenir les prix mais où toutes les coalitions peuvent s'opposer aux arrangements qui les lèsent. La première formule conduirait à un équilibre concurrentiel, la seconde à ce que la théorie des jeux appelle une « allocation dans le cœur ». Un résultat théorique étonnant est que, lorsque la taille du groupe qui échange s'accroît, ces deux formules conduisent nécessairement à des résultats de plus en plus voisins.

Transfert forfaitaire : par définition, il s'agit d'un transfert de revenus qui dépend des caractéristiques personnelles des agents, par exemple de leurs goûts, de leurs aptitudes, mais aucunement de leurs actions économiques. La plupart des transferts réellement effectués ne sont pas en ce sens forfaitaires. Parce qu'ils n'ont pas été pleinement conscients de ce fait, nombre d'économistes ont trop facilement accepté de séparer les problèmes d'efficacité des problèmes de redistribution dans leurs analyses.

Bibliographie

Les aspects historiques

Bairoch P., *Economics and World History, Myths and Paradoxes*, The University of Chicago Press, 1993.

Braudel, F., *Civilisation matérielle, économie et capitalisme, XVe-XVIIIe siècle*, Armand Colin, 1980, 2 vol.

Chavance, B., *Le Système économique, soviétique*, Nathan, coll. « Circa, Économie, sciences sociales », 1989.

Ewald, F., *Histoire de l'État providence*, LGF, coll. « Le Livre de poche, Biblio essais », 1996.

Fumaroli, M., *L'État culturel : une religion moderne*, LGF, coll. « Le Livre de poche, Biblio essais », 1992.

Galiani, F., *Dialogues sur le commerce des blés* (1770), Fayard, coll. « Corpus des œuvres de philosophie en langue française », 1984.

O'Rourke, K. et Williamson, J., *Globalization and History, The Evolution of the Nineteenth Century Atlantic Economy*, MIT Press, 1999.

Schumpeter, J., *Capitalisme, socialisme et démocratie*, Payot, coll. « Bibliothèque historique », 1990.

Williamson, J., *Inequality, Poverty and History*, Basil Blackwell, 1989.

Perspectives sur les idées économiques

La pensée dans l'histoire

Perrot, J.-C., *Une histoire intellectuelle de l'économie politique : XVIIe-XVIIIe siècle*, École des hautes études en sciences sociales, coll. « Civilisations et sociétés », 1992.

Schumpeter, J., *Histoire de l'analyse économique*, Gallimard, coll. « Bibliothèque des sciences humaines », 1983, 3 vol.

Les théories (ouvrages techniques)

Arrow, K. et Hahn, F., *General Competitive Analysis*, Holden Day, 1971.
Artus, P., *La Macroéconomie*, Economica, 1995.
Bourguignon, F., Chiappori, P-A. et Rey, P., *Théorie microéconomique. L'équilibre concurrentiel*, Fayard, 1992.
Cahuc, P., *La Nouvelle Microéconomie*, La Découverte, coll. « Repères », 1993.
Laffont J.J., *Cours de théorie économique*, 1985, Economica.
Tirole, J., *Théorie de l'organisation industrielle*, Economica, coll. « Économie et statistiques avancées », 1995, 2 vol.
Sraffa, P., *Production of Commodities by Means of Commodities, a Prelude to a Critique of Economic Theory*, Cambridge University Press, 1975.

Les débats : politique économique, intervention publique

Bourguignon F. et Guesnerie R., « L'Économie mondialisée. Inégalités entre nations hier, inégalité au sein des nations demain ? », *Conférence pour le 50e anniversaire de l'EHESS*, ronéoté, 1998.
Cohen, D., *Les Infortunes de la prospérité*, Julliard, 1994.
Commissariat général du plan, *Service publics, question d'avenir*, rapport de la Commission présidée par C. Stoffaës, O. Jacob/Documentation française, coll. « Politique », 1995.
Encaoua D. et Guesnerie R. (dir.), *La Politique de la concurrence*, La Documentation Française, 2006.
Fauroux, R. et Spitz, B., *État d'urgence, réformer ou abdiquer, le choix français*, Robert Laffont, 2004.
Frydman, R. et Goldberg, M. D., *Marchés : la fin des modèles standard*, Le Pommier, 2013.
Guesnerie, R., *L'État et le Marché : constructions savantes et pensée spontanée*, Collège de France, coll. « Leçons inaugurales », 2000.

Guesnerie, R., « Les enjeux économiques de l'effet de serre », in R. Guesnerie (dir.), *L'Économie de l'effet de serre*, La Documentation Française, 2002.
Guesnerie, R. et Stern, N., *Deux économistes face aux enjeux climatiques*, Le Pommier, 2012.
Lomborg, B., *The Skeptical Environmentalist : Measuring the Real State of the World*, Cambrige University Press, 2001.
Lévy-Lambert, H., *La Vérité des prix*, Le Seuil, 1975.
Lepage, H., *Autogestion et Capitalisme*, Masson, 1978.
Lesourne, J., *Vérités et mensonges sur le chomâge*, O. Jacob, 1995.
Malinvaud, E., *Voies de la recherche macroéconomique*, O. Jacob, 1991.
Masse, P., *Le Plan ou l'Anti-hasard*, Hermann, coll. « Savoir-Culture », 1991.
Rajan, R., *Crise : au-delà de l'économie*, Le Pommier, 2013.
Stiglitz, J., *Globalization and its Discontents*, WWW Norton and Company, 2002.

Marché, philosophie et société

Alternatives économiques, « Le libéralisme », n° spécial, 2005.
Aron, R., *Dix-huit leçons sur la société industrielle*, Gallimard, coll. « Folio essais », 1986.
Bell, D., *The Cultural Contradictions of Capitalism*, Basic Books, 1976.
Bourdieu, P. (dir.), *L'a Misère du monde*, Le Seuil, coll. « Libre examen, Documents », 1993.
Delmas-Marty, M., *Le Pluralisme ordonné*, Le Seuil, 2006.
Habermas J., *Droits et démocratie : entre faits et normes*, Gallimard, 1997.
Nozick, R., *Anarchie, État et utopie*, PUF, 1988.
Peyrefitte, A., *La Société de confiance : essai sur les origines et la nature du développement*, O. Jacob, 1995.
Rawls, J., *Théorie de la justice*, Le Seuil, coll. « Empreintes », 1987.
Rosanvallon, P., *Le Capitalisme utopique, histoire de l'idée de marché*, Le Seuil, 1999.
Supiot, A., *L'esprit de Philadelphie*, Le Seuil, 2010.

Index